MW01610304

FOLIO JUNIOR

Titre original : *Los trapos sucios*
Édition originale publiée par Santillana S. A., Madrid, 1997
© Elvira Lindo, 1997, pour le texte
© Emilio Urberuaga, 1997, pour les illustrations
© Éditions Gallimard Jeunesse, 1999, pour la traduction

Elvira Lindo
LES SECRETS DE MANOLITO

Illustrations de Emilio Urberuaga

Traduit de l'espagnol
par Virginia López-Ballesteros et Olivier Malthet

Gallimard Jeunesse

MANOLITO ET LES SIENS

MANOLITO LE BINOCLARD
Un garçon de Carabanchel,
bavard et incompris. Toutes ses idées
géniales sont mal interprétées
par les adultes.

LE GRAND-PÈRE
L'allié inconditionnel
de Manolito dans
les moments où l'on a envie
de disparaître sous terre.

LE BÊTA
Le petit frère préféré
de Manolito.
Il n'en a pas d'autres !

M'DAME ASUNCION
La maîtresse de Manolito est quelquefois désespérée, mais personne ne l'aime plus que ses chers « délinquants ».

YIHAD
Le plus crâneur
et le plus bastonneur
des amis de Manolito.

GRANDES OREILLES
Un vil traître,
ami inséparable
de Manolito.

MÉLODY MARTÍNEZ
Une nouvelle camarade
de classe, très spéciale…
si spéciale qu'elle craque
pour Manolito.

Pour mon ami Arturo Muñoz Vico,
parce qu'il est unique en son genre.

L'autre jour, à la boucherie, la mère d'Oscar Mayer a dit à ma mère :

– Je vais acheter un ordinateur portable à mon Oscar pour qu'il écrive sa vie. Après tout, ce que raconte ton Manolito n'a rien de si extraordinaire.

– Très bien, mais tu vas devoir prendre des risques. Mon Manolito a dû avouer dès le début qu'on l'appelait Le Binoclard ; le tien devra signer Oscar Mayer* en grosses lettres.

– C'est hors de question, il s'appelle Oscar Sandoval.

Et ma mère lui a rétorqué :

– Reconnais qu'à Carabanchel, personne ne sait qu'il s'appelle Oscar Sandoval.

Et toutes les dames ont dit en chœur :

– Reconnais-le, reconnais-le !

Voilà comment ça se passe dans mon quartier, on adore se balancer ses quatre vérités ; ici, personne ne peut tromper personne.

---

* Oscar Mayer est une marque de saucisses en Espagne.

Mon ami Oscar Mayer n'écrira jamais sa vie car sa mère ne le laissera pas commencer son autobiographie par : « Je m'appelle Oscar Sandoval, mais tous mes amis me connaissent sous le nom d'Oscar Mayer, le roi des saucisses. »

Il faut dire qu'écrire une autobiographie demande beaucoup de courage. Chaque fois que paraît un nouveau tome de la grande encyclopédie de ma vie, j'ai super honte de sortir dans la rue, car tout le monde est au courant de notre intime intimité, et pas seulement moi, ma mère aussi a honte d'aller au marché et que Martin, le poissonnier, lui dise :

— Bon sang, Catalina, ne lui collez pas des tapes pareilles à votre Manolito ; après, à l'école, ils ne pourront plus rien en tirer.

— C'est vrai ça, en profite pour dire une dame, moi le mien, si je dois le taper, je le tape sur le cul et avec un chausson, pour ne pas lui faire mal et pour ne pas me faire mal.

Dans les bars de routiers, les serveurs demandent à mon père :

— Au fait, Manolo, combien il dit ton fils qu'il te reste à payer pour ton camion ?

Louisa non plus n'aime pas que tout le monde sache que Barnabé a tendance à lâcher des gaz et qu'il porte une perruque. Ma mère essaye pourtant de la raisonner :

— Mais, enfin, comment veux-tu que les gens ne sachent pas qu'il porte une perruque si tous les dimanches, il en met une de couleur différente ; bon, pour l'histoire des gaz… on en a vu d'autres…

A mon grand-père, ça lui fait ni chaud ni froid que tous ses secrets soient révélés :

— Qu'est-ce que ça peut me faire qu'on sache que toutes mes dents sont fausses, que j'ai des problèmes de prostate, que je ronfle comme un morse et que je passe ma journée au Tropezón... Depuis que les vieillardes du Foyer du Pensionnaire connaissent tous mes défauts, elles accourent vers moi comme des mouches. Maintenant, je plais beaucoup plus qu'avant, quand elles croyaient que j'étais le type même du vieux parfait.

Le Bêta aussi est content, bien qu'il n'ait pas du tout apprécié que son vrai nom soit révélé dans le deuxième tome. Lui, voudrait continuer à être l'enfant classique de quatre ans, avec un mystère à cacher.

Bon, cela dit, même si Oscar Mayer était prêt à raconter les choses les plus honteuses de sa vie, il ne lui suffirait pas, pour l'écrire, d'avoir un ordinateur portable, car la vraie vérité c'est que je n'ai jamais écrit ce que tu es en train de lire. Celle qui écrit, c'est cette femme qui signe sur la première page. Notre rencontre a eu lieu il y a plusieurs années, elle cherchait des enfants sur toute l'étendue planétaire et, à la fin, elle m'a choisi. Elle est venue chez moi, a mis un magnétophone sur la table et a commencé à me faire parler sans pitié. Pendant ce temps-là, elle, elle s'empiffrait de gâteaux que ma mère avait montés de la boulangerie de Mme Porfiria. Ma mère et Louisa l'observaient du coin de l'œil. Lorsqu'elle est partie, Louisa a dit :

– Qu'est-ce qu'elle mange…!

A cette femme-là, je lui ai raconté beaucoup de choses, et même certaines que, selon ma mère, je n'aurais jamais dû raconter. Le bon côté dans cette histoire, c'est que nous, les García Moreno, nous sommes devenus mondialement célèbres, le mauvais côté c'est que ça ne nous a servi à rien, car elle nous a donné zéro centime, quoiqu'il y en ait qui disent qu'elle est devenue immensément riche avec les dollars qu'elle a gagnés grâce à mes histoires.

Il n'y a pas très longtemps, elle a téléphoné. Ma mère a dit :

– Tiens, la voilà qui revient se remplir les poches.

Cette fois, nous avions rendez-vous au Tropezón. Nous étions ma mère, Louisa, mon grand-père, moi et le Bêta… et le magnétophone, comme toujours, au milieu de la table. Cette femme de la première page a demandé à ma mère et à Louisa si elles pouvaient s'asseoir à une autre table :

– Pour que l'enfant ne soit pas troublé…

Et lorsque nous nous sommes retrouvés seul à seul, la femme m'a dit que je devais raconter ce que je n'avais encore jamais raconté sur la vie privée de ma famille et de mes amis. Elle m'a dit que nos histoires faisaient concurrence aux réalitichaus de la télé, aux films de sexe et de violence.

– Il faut que tu me déballes tout le linge sale.

– D'accord, mais à une condition…

– Laquelle ? J'accepte tout, dit la femme, à ce moment de très grande tension.

– *Que mon nom sur la première page soit plus grand que le tien, et que le tien soit très petit pour que les gens croient que c'est moi qui ai écrit le livre. C'est ça ou rien.*

Elle s'est mise à réfléchir pendant cinq maudites minutes.

– *Bon, d'accord.*

Je lui ai demandé aussi que les lettres de mon nom s'allument et s'éteignent, mais elle m'a dit que c'était techniquement impossible.

Puis j'ai pris une gorgée de mon deuxième whisky (enfin, mon deuxième Coca-Cola) et j'ai commencé à lui raconter ces chapitres de mon histoire qui n'avaient encore jamais franchi les murs de Carabanchel et que tu as maintenant devant les yeux. Mon grand-père m'a dit pour me consoler :

– *Ne t'inquiète pas, Manolito, je ne connais pas de famille qui n'ait pas de linge sale à cacher.*

Cette femme est partie avec la cassette et au bout d'un certain temps, elle m'a envoyé ce livre, qui est le troisième.

Je ne sais pas si elle reviendra car, après trois heures d'enregistrement, lorsqu'elle s'est approchée du comptoir pour payer la note, M. Ezéchiel lui a dit :

– *Quatre cent cinquante-six francs.*

En fait, sans qu'elle s'en rende compte, mon père, Barnabé, le grand-père de Yihad, Yihad, Grandes Oreilles, Mélody Martínez, Susana, le copain de la mère de Grandes Oreilles, la mère de Grandes'O, Porfiria, M'dame Asunción, Moutarde, Mélanie, Jessica l'ex-grosse, Paquito Médina et Bonie (qui a mangé des gam-

14

bas) s'étaient joints à l'invitation. La femme en a eu le souffle coupé et elle est sortie du Tropezón en disant à peine au revoir.

— Tu crois qu'elle est fâchée ? ai-je demandé à ma mère.

— Tant pis si elle est fâchée ; elle nous doit bien ça, avec tout l'argent qu'elle gagne grâce à nous...

Et nous, les personnages de ce terrible livre, nous avons trinqué sans plus penser à elle.

LES TITIS

Si tu t'imagines que je suis un être merveilleux, ne lis pas ce chapitre. Non, sérieusement, si tu ne lis pas ce chapitre, tu as encore la possibilité de me prendre pour un enfant exceptionnel ; si tu le lis… tu sauras qui se cache derrière ce Manolito plus-que-parfait. Comme ces femmes très gentilles de la série *V*, qui cachaient derrière leur masque de femme parfaite leur vrai visage de vipère.

Mais alors, pourquoi je raconte une histoire qui peut détruire mon image publique ? Pour que tu voies que moi aussi j'ai mes défauts, que je suis un être humain, et presque tous les êtres humains que je connais ont des défauts beaucoup plus grands que leurs vertus. Sauf Paquito Médina qui, comme toujours, est un cas à part dans l'histoire de notre espèce.

Je commencerai par le début des temps : le début des temps de cette terrible histoire est le 23 janvier, jour où, sans rien me dire, on m'a emmené dans un hôpital (il ne me manquait plus qu'un bandeau sur les yeux comme pour les gens kidnappés) et on m'a placé devant un berceau pour que je fasse connaissance avec cet être étrange avec lequel je partage ma vie : le Bêta. Le plus dur, c'est que cette date se répète tous les ans. Tous les ans, le Bêta a un an de plus, et chaque année qui passe, je te le dis sincèrement, j'en ai de plus en plus marre. Au début, quand le Bêta avait un an ou deux, on lui offrait seulement des petits vêtements ou ces petites souris en caoutchouc qui couinent. Au fond de moi-même, je rigolais bien : « Ah, ah, ah, ils le trompent avec n'importe quoi. »

Mais depuis que le Bêta a quatre ans, il veut souffler les bougies, comme moi, inviter des gens, comme moi, qu'on lui chante *Joyeux Anniversaire*, et il ne se gêne pas pour demander avec sa petite bouche tous les cadeaux qu'il veut. Tout cela a été un coup dur pour moi, car dis-moi une chose : quelle tête je suis supposé faire lorsque je vois que mon frère est le centre de la fête ? En plus, je dois faire semblant d'être content, sinon ça met ma mère dans tous ses états et elle dit que je suis jaloux comme un pou, et d'autres choses pire encore que je ne peux pas mettre dans ce livre si raffiné.

Une semaine avant l'anniversaire du Bêta, ma mère et moi nous sommes allés à l'hyper pour lui acheter les cadeaux. Ma mère avait insisté pour que j'achète un cadeau à mon frère avec mon argent pour lui prouver toute l'affection que j'avais pour lui. J'ai ouvert le ventre de mon cochon tirelire et j'ai compté mes économies : j'avais cent trente francs. Je suis resté très longtemps devant l'argent. Finalement, j'ai décidé que je prendrais vingt francs pour le cadeau, car l'important, me suis-je dit, c'est le geste et pas l'argent que nous a coûté le cadeau. C'est un bon raisonnement, pas vrai ?

Comme d'habitude, le Bêta avait demandé une poupée d'oncle Fétide, son personnage favori de la Famille Addams. Nous ne l'avons même pas cherchée, nous avons déjà été suffisamment ridicules comme ça dans le passé. Ma mère a décidé que je lui offrirai la cassette vidéo du film et qu'elle achèterait la Barbie Volante *Sky-dancer* et un pistolet à ventouses. Avec la *Sky-dancer*, cela faisait au Bêta une collection de cinq Barbies. Les quatre premières, il les avait voulues pour jouer aux quilles ; quant à la Barbie Volante, il la veut pour la lancer en l'air et l'abattre avec son pistolet à ventouses quand elle survole le meuble-bar avec ses petites hélices. Parfois, le Bêta se sert de ses Barbies pour nous taper dessus quand nous le contrarions. Une fois, il a failli me crever un œil avec la Barbie Cœur parce que je ne voulais pas lui donner la télécommande. Comme tu vois, on peut tirer beaucoup plus de choses de ces Barbies que ce qu'on te dit dans les pubs à la télé.

Nous lui avons acheté la Barbie et le pistolet à ventouses puis nous sommes allés lui acheter la vidéo de la Famille Addams. Nous n'avons pas de magnétoscope, mais Louisa nous laisse utiliser le sien du moment que c'est en présence de son avocat, car nous le lui avons déjà cassé plusieurs fois. Au moment de payer, j'ai sorti les vingt francs de ma poche.

– Tu ne crois quand même pas que tu vas acheter la cassette avec ça ? m'a dit ma mère avec la tête qu'elle fait quand nous sommes sur le point de nous engueuler.

– Les enfants sont si naïfs ! a dit le vendeur.

– Celui-ci naïf ? Un vrai radin oui !

Ma mère ne se gêne pas quand il s'agit de me traiter de tous les noms devant des étrangers, je crois même qu'elle y prend du plaisir.

– C'est que… je n'ai pas pu en sortir plus de mon cochon…

Ma mère ne sait pas que, sous le ventre, mon cochon a un couvercle secret que j'ouvre et ferme toutes les cinq minutes.

– Donne-moi tes vingt francs, a dit ma mère, tendant la main, et je mets le complément, mais dès que nous serons à la maison tu t'arrangeras pour sortir le reste de ton cochon.

– Tout ça parce que c'est l'anniversaire du Bêta, si ça avait été le mien, tu ne t'en ferais pas autant… lui ai-je dit, tout en sachant qu'avec cette phrase, je me condamnais.

– Je vais faire comme si je n'avais rien entendu pour ne pas te gifler devant le monsieur.

Le vendeur a pris notre argent et est resté à nous regarder avec un drôle de sourire. Ma mère s'est mise à marcher et le vendeur m'a demandé à voix basse :

– C'est qui le Bêta ?

– Mon frère.

– Ah… a fait le vendeur, l'air pensif. Dans ce cas, il ne vaut mieux pas que je te demande qui est le cochon.

Et je suis parti en courant sans rien lui expliquer car je voulais rattraper ma mère qui venait de disparaître derrière les rayons de l'hyper. Elle était à la boucherie. Elle ne semblait pas très inquiète de me perdre vu la façon dont elle regardait, l'eau à la bouche, toutes ces viandes crues. En vérité, je ne sais pas comment quelqu'un peut regarder un morceau de viande sanguinolente et dire :

– Qu'est-ce qu'elle a l'air bonne cette bavette…

Je crois que ma mère, quand elle voit une vache dans un champ, elle se dit : « Quel bon ragoût » ou « Avec cette partie de la cuisse, je ferais bien des hamburgers pour les enfants ce soir ». Parfois, je me dis que si on mettait ma mère dans une machine à remonter le temps et qu'on la transportait à l'âge des cavernes, avant l'invention du feu, elle n'aurait aucun problème pour s'adapter, elle aurait l'eau à la bouche devant n'importe quel animal préhistorique qui passerait par hasard devant sa grotte. Et ça, je ne le dis pas pour critiquer, c'est une information totalement objective.

Cet après-midi passé à faire des courses a été très dur à tous points de vue. Ma mère n'a même pas voulu m'acheter une petite bricole pour compenser l'énorme traumatisme que je ressens dès que les cadeaux sont pour les autres.

– Tu n'es plus un bébé, a-t-elle dit.

Le problème d'avoir un petit frère, c'est que tes parents te traitent comme si tu avais quatre-vingts ans.

En plus de ça, elle a voulu que l'on se mette dans la queue où ils font les paquets-cadeaux.

– Mais pourquoi, puisqu'il s'en … fiche ?

Cette fin de phrase, je l'ai dite très très bas car ma mère m'a lancé un de ses regards qui te laissent totalement fossilisé. Après, les paléontologues du monde entier n'ont plus qu'à venir t'étudier.

Au moment de sortir, elle m'a regardé un instant et il faut croire qu'elle a eu un élan de pitié envers son pauvre fils de quatre-vingts ans puisqu'elle a dit :

– Allez viens, je t'achète un hamburger.

Et moi, j'ai eu un élan d'affection. Tu vois, dans le fond, nous sommes pleins de bons sentiments.

Ma mère a dit qu'elle ne voulait rien. C'est toujours ce qu'elle dit depuis que mon père lui a offert pour son anniversaire une balance parlante qui lui annonce chaque matin : « Vous pesez soixante-deux kilos et quatre cents grammes ». Et elle insulte la balance parlante avec des mots que je ne peux répéter ici devant des enfants. Ainsi dans les cafétérias, elle ne demande presque jamais rien, elle te regarde en silence l'air meurtri et puis elle se met à grignoter tes trucs. Petit à petit, elle m'a volé toutes mes frites.

– Eh, maman…

– Oui, je t'en prends juste trois ou quatre…

Ne dis pas que je ne suis pas patient avec elle.

J'ai essayé d'entamer la conversation afin de ressembler à une mère et à un fils que j'avais vus à la télé l'autre jour. Dans le film, la mère et le fils mangeaient des frites avec la bouche ouverte et n'arrêtaient pas de rire. Je voulais être heureux comme eux. J'ai plongé une frite entière dans le ketchup et j'ai dit :

– Ce qui est bien quand on n'amène pas le Bêta à la cafétéria c'est qu'il n'y en a pas partout.

Sur ce, je lui ai offert la frite, qui, d'ailleurs, était la meilleure et la plus grosse du paquet. Je lui ai offerte comme on offre une fleur. Mais mon petit numéro de charme est tombé à l'eau car lorsqu'elle a voulu l'attraper, avec un sourire attendri, et moi la lui donner, nous nous sommes mélangé les pinceaux, si bien que la frite est tombée sur son chemisier en laissant sur son cœur une terrible tache de ketchup.

– Ouah, on dirait qu'on t'a tiré dessus.

Personne ne lui avait tiré dessus, mais moi j'ai reçu une tape et la frite que je tenais dans l'autre main a atterri sur mon survêtement.

– Quel après-midi tu me fais passer, Manolito !

Comprends bien que s'il y avait eu une justice en ce monde, j'aurais eu le droit de lui rendre la tape, vu que c'était elle qui m'avait envoyé la frite sur mon survêtement, et nous serions restés là à nous échanger des tapes et à nous jeter des frites. Laurel et Hardy auraient su tirer parti de cette scène sympathique, mais ma mère n'aime que les films d'amour.

Nous sommes arrivés chez nous avec des têtes d'ennemis et il a fallu que j'écoute ma mère raconter sa version des faits. Elle a même failli me convaincre qu'il y avait un Manolito totalement insupportable caché sous ma peau.

Heureusement que mon grand-père a dit, comme d'habitude :

– Ce n'est pas si grave, Catalina.

Le lendemain, à huit heures du matin, j'ai senti comme un corps froid et baveux me toucher l'œil. Je l'ai ouvert : c'était le Bêta qui me tapait sur le visage avec sa tétine pour que je me réveille. Va pas croire qu'il aurait eu la délicatesse de sécher un petit peu sa tétine après l'avoir sortie de sa bouche.

– Bébé a quatre ans aujourd'hui, et Manolito ?

Le Bêta croit que tout ce qui lui arrive doit aussi forcément m'arriver, et il n'y a personne pour lui enlever ça de la tête.

– Manolito rien.

Il a mis la tétine dans l'œil de mon grand-père :

– Bébé a quatre ans aujourd'hui et Manolito rien.

Mon grand-père a pris le gigantesque bébé dans ses bras et l'a mis dans le lit avec nous. J'étais de mauvaise humeur, mais j'ai fini par éclater de rire car les pets matinaux du Bêta font de la musique, je te jure, des fois on peut même reconnaître le refrain d'une chanson, style *Macarena* ou *Mon beau sapin*. Ne me demande pas comment il fait. Ma mère a déjà failli appeler plusieurs fois des scientifiques du monde entier pour qu'ils étudient cet étrange phénomène, mais nous, les García Moreno, nous ne voulons pas non plus passer dans l'Histoire comme le maillon manquant entre l'homme et le cochon.

Comme je te disais : j'ai éclaté de rire. J'essayais de penser à autre chose qu'à la fête d'anniversaire de cet après-midi, qui me mettait dans une colère noire. Je me disais que ce qu'il y avait de bon dans cet anniversaire, c'est qu'il ne se reproduirait pas avant un an.

A la sortie de l'école, mon grand-père et moi nous avons dû nous coltiner les deux invités du Bêta : Mélanie (la sœur de Moutarde) et Zeus, son camarade de maternelle, tristement célèbre pour manger ses crottes de nez. Voici le genre de nouvelles que le Bêta nous donne sur sa classe, à l'heure du déjeuner :

— Zeus mange ses crottes de nez... Mélanie a fait pipi sur ma banquette... Aaron Martínez a vomi sur la maîtresse... Bébé a fait caca liquide.

Au bout de quatre phrases comme celles-là, tu n'as plus envie de manger, je peux te le jurer. Mais ça n'empêche pas ma mère de retourner le couteau dans la plaie et de lui demander :

— Et ton caca liquide, comment il était, mon chéri, comme de la purée ou comme de la soupe ?

— Caca de Bébé comme purée.

Voilà nos conversations à table depuis que le Bêta va à l'école. Et ça peut devenir encore plus dramatique si Louisa est avec nous :

— Mais... comme une purée de lentilles ou une purée de pommes de terre ?

— Caca de Bébé comme...

Chacun retient sa respiration en attendant la réponse. Le Bêta prend son temps pour réfléchir et lâche :

— Purée de lentilles.

Je vous raconte tout ça pour que vous voyiez à quel point je connais tout le linge sale des camarades du Bêta. Aussi je dois avouer qu'au moment de traverser la rue, j'ai essayé par tous les moyens que Zeus ne me

24

prenne pas la main, mais Zeus m'adore, j'y peux rien, et il est venu en courant vers moi.

Avant de monter chez nous, le Bêta et Mélanie se sont bousculés pour arriver le premier dans l'escalier. Plus d'une fois, nous avons dû les rattraper pour qu'ils ne se cognent pas contre les marches. Ils m'ont rendu cardiaque. Sans compter que Zeus, dès que j'avais le dos tourné, en profitait pour sortir une crotte et ouvrir la bouche. Je ne savais plus où donner de la tête. A la fin, j'étais tellement énervé que je lui ai tapé sur la main où il y avait une crotte et je lui ai dit :

– Ça se mange pas, punaise.

Alors Zeus a regardé sa crotte de nez puis m'a regardé l'air de dire : « Qu'est-ce que j'en fais maintenant ? » La réponse se trouvait juste à côté. Que faire d'une crotte de nez une fois extraite de la narine ? Zeus s'est approché du mur pour la coller, mais je l'ai retenu à temps.

– Non, mange-la, c'est mieux.

Et Zeus l'a avalée le plus naturellement du monde. En vérité, je préférais encore qu'il la mange plutôt que d'être obligé de la voir chaque fois que je monterais ou descendrais les escaliers. Je me connais : j'aurais été tellement obsédé par la crotte de nez de Zeus que j'aurais dû fermer les yeux en passant devant. Je sais, je suis bon pour aller chez le psychiatre.

Ma mère avait jeté l'argent par les fenêtres : il y avait des ballons partout et le meuble-bar était bourré de cadeaux. Mon père était rentré de son travail, bien que ce fût un mardi et que les mardis il ne dorme pas chez nous. En vérité, j'avais beau ne pas vouloir me prendre la tête avec cet anniversaire, toutes ces attentions pour le Bêta commençaient à me mettre hors de moi.

Mon frère a ouvert ses paquets : la *Sky-dancer*, le pistolet, la cassette vidéo, deux monstres que mon père lui avait apportés, un déguisement de Zorro que Louisa lui avait offert, un survêtement de Titi et Gros Minet de la part de mon grand-père. On se serait cru à Noël ! Encore heureux que la fête ait été un peu gâchée après qu'on eut chanté *Joyeux Anniversaire*, car le Bêta n'a pas voulu que Mélanie mange du gâteau. Du coup, elle s'est mise en colère, elle lui a arraché la tétine de la bouche, elle est allée sur la terrasse et l'a jetée par la fenêtre. Le Bêta s'est mis à pleurer comme si on était en train de le torturer cruellement et a jeté le sac à dos de Mélanie par la même fenêtre. Zeus, sans perdre son calme, s'est sorti une gigantesque crotte. Au fond de moi, j'ai pensé : « Pourvu qu'il la mange, mon Dieu, pourvu qu'il la mange ! » Et il l'a mangée. Barnabé est descendu en courant récupérer la tétine du Bêta (c'était sa préférée) et le sac à dos de Mélanie. Ma mère a crié : « C'est toujours pareil avec ces enfants ! » Et moi j'ai pensé : « Pourquoi elle dit "ces" si le seul à avoir fait le bazar c'est le Bêta ? », car je sens très bien quand il y a de la tape dans l'air. Une fois Mélanie et le Bêta en possession de leur bien, Barnabé a réussi à ce qu'ils se donnent un bisou. Ils se le sont donné à distance.

Le Bêta n'a pas voulu qu'on sorte ses jouets de leurs boîtes. Ses amis avaient juste le droit de les regarder.

– Pas touche ! s'écriait le Bêta à chaque fois que l'un d'eux approchait un doigt.

Si bien qu'à la fin, ils se sont assis tous les trois sur le canapé sans trop savoir quoi faire. Barnabé et mon père leur ont chanté des chansons mais ils écoutaient tellement peu que mon père a fini par dire :

– Eh bien, qu'ils aillent se faire voir !

Et il est descendu avec Barnabé au Tropezón.

Lorsque Mélanie et Zeus sont enfin partis, le Bêta m'a tiré vers le meuble-bar et a ouvert les boîtes de sa *Sky-dancer* et de son pistolet.

– Regarde, le petit s'est enfin décidé à jouer avec ses cadeaux, a dit ma mère à Louisa.

– Bébé veut seulement avec Manolito, a dit le Bêta.

– Ils sont vraiment bizarres ces ceux-là, a dit ma mère, apparemment très triste d'être notre mère. Un coup ensemble, un coup séparés.

Le Bêta était un pro au tir à la *Sky-dancer*. Je la jetais en l'air tandis qu'il se cachait derrière un fauteuil comme les bandits dans les films. Soudain, il passait la tête et tirait. Il ne ratait jamais. A un moment, la *Sky-dancer* est partie dans l'œil de Louisa et ma mère a décidé que l'heure était venue d'aller nous coucher. Le soir c'est toujours comme ça ; tu sais que si tu commets la moindre erreur, tu cours le risque qu'on te dégage pour t'envoyer dormir.

Lorsque mon grand-père s'est couché, je lui ai posé une question qui m'avait tracassé tout l'après-midi :

– Pourquoi tu as offert ce survêtement au Bêta alors que tu sais que moi aussi je le voulais ?

– Tu es déjà trop grand pour avoir un Titi, je t'en achèterai un autre de ton âge quand ce sera ton anniversaire. Un avec des dinosaures, ou avec *Edward aux mains d'argent*…

Mon grand-père a bâillé.

– Manolito, viens à côté de ton grand-père et arrête de penser, tu penses trop. Toute la journée, tu ne fais que penser et penser.

Il s'est endormi et je me suis retrouvé en train de penser et penser. D'abord, j'ai pensé à ce que m'avait dit mon grand-père, que le survêtement de Titi n'était plus pour moi, et ça m'a énervé, puis j'ai pensé que tout le monde n'arrêtait pas de me dire ça et ça m'a encore plus énervé. Car moi, j'aime beaucoup le survêtement vert de Titi assis sur sa balançoire jaune flashy. Et tout en pensant et pensant, j'ai commencé à retourner dans ma tête la question du prix : combien avaient-ils dépensé pour le Bêta ? J'avais l'impression qu'ils lui avaient fait beaucoup plus de cadeaux qu'à moi. J'ai essayé de me souvenir du prix de chaque chose et de les additionner au fur et à mesure, mais j'avais les yeux qui se fermaient et les chiffres dansaient dans mon cerveau. Bon, ça pouvait attendre demain. Mais… si ma mère jetait les paquets avant que je me lève ?

J'ai pris ma lampe de poche, je suis allé au salon sur la pointe des pieds et je suis arrivé devant les paquets. J'ai sorti un bout de papier et j'ai noté :

Sky-dancer	140
Pistolet	80
Famille Addams	100…

Et j'ai ajouté les uns après les autres les prix de tous les cadeaux, c'est-à-dire sept au total ! J'ai mis l'objet du délit dans mon slip et je suis retourné vers mon lit, tel un voleur emportant son butin. En chemin, mon petit doigt de pied est resté coincé dans le fauteuil. Aïïïïïe ! J'ai failli mourir. Mais dans de telles circonstances, je ne pouvais ni crier ni me plaindre, et je suis parti me coucher en boitant. J'ai souri de mon exploit, et j'ai pensé en dernier : « Demain je fais l'addition. » Je dis que j'y ai pensé en dernier parce qu'après je ne me souviens de rien.

Le lendemain en me levant, j'avais oublié la fameuse addition. Je suis comme ça : un obsédé qui oublie ses obsessions. Je suis allé aux W.-C. faire pipi (pour moi, c'est un des meilleurs moments de la vie) et lorsque j'ai descendu mon slip, le papier est tombé dans la cuvette.

– Qu'est-ce que c'est que ça ? me suis-je demandé.

Ça m'est revenu d'un coup et je me suis donné une claque sur la tête, qui a failli faire tomber mes lunettes. L'addition ! Est-ce que ça valait la peine de mettre la main dans la cuvette ? Le matin en me réveillant, je pense tellement lentement que je n'étais toujours pas décidé lorsque je me suis rendu compte que les numéros étaient en train de s'effacer. Et puis voilà. J'ai uriné sur l'objet du délit en pensant : « C'est trop galère cette addition, qu'elle parte à la décharge. » Je suis sorti des toilettes avec l'envie d'être un nouveau Manolito : généreux, frère de ses frères, ami de ses amis, fils de sa mère…

Le Bêta était déjà assis devant la table, avec des serviettes partout, sauf sur la tête, bien que plusieurs fois il se soit sali les cheveux avec du Nesquik car il a l'habitude de se gratter le crâne avec la cuillère. Il restait un morceau de gâteau de l'anniversaire. Ma mère a voulu prendre un bout avec sa cuillère, mais le Bêta l'en a empêché avec la sienne.

– Le gâteau pour Bébé et Manolito.

Il a de ces répliques. J'ai essayé de garder mon rire en dedans, mais il a fini par passer par la bouche. Je dois reconnaître que des fois le Bêta en sort de très bonnes.

– Tu as vu, Manolito, combien il t'aime ton frère ? Après, tu vas te plaindre de lui. Pauvre petit malheureux, lui qui te donne toujours tout.

Ce sermon matinal m'a fait oublier ce nouveau Manolito plein de bons sentiments que je voulais être. Soudain, j'ai aperçu dans le meuble-bar les paquets des cadeaux. J'ai vite avalé mon petit déjeuner et je me suis approché discrètement avec un crayon pour recopier toutes les données de cette maudite addition.

Nous sommes partis à l'école mon grand-père, moi et mon frère. Le Bêta, comme d'habitude, était au milieu et nous tenait chacun par une main. Et, comme d'habitude, il sautait et se pendait à nos bras, en nous mettant de la boue partout (il y en a plein en hiver au parc du Pendu). En plus, il avait coincé son pistolet à ventouses contre l'élastique de son pantalon, si bien qu'il tombait à chaque instant. Le trajet a été interminable. Quand je l'ai laissé devant la porte de sa classe, son pantalon de survêtement de Titi était noir.

— N'oublie pas que tu ne dois pas manger ton pain au chocolat avant la récréation. Ne te bats pas avec Mélanie. Ne lance pas de ventouses sur les autres enfants et s'ils te demandent le pistolet, prête-le-leur, ne sois pas égoïste.

En lui disant ça, le Bêta m'a tendu son pistolet.

— Tiens.

— Non, pas pour moi, pour les enfants !

— Les enfants cassent le pistolet de Bébé.

— Ne dis pas ça, c'est pas vrai.

La m'dame du Bêta a ouvert la porte :

— Qu'est-ce qui vous arrive encore ce matin ?

Elle me l'a demandé avec un de ses sourires super-spéciaux. A ce moment-là, j'ai pensé que dans un jour lointain je me marierai avec elle. Mais tout de suite après j'ai pensé que d'ici quinze ans, elle se sera peut-être transformée et qu'elle sera devenue comme m'dame Asunción, avec la même verrue…

— Je lui dis qu'il… doit prêter son nouveau pistolet à ses amis, ai-je lancé, en me débarrassant de mes horribles pensées.

— Ne t'inquiète pas, m'a répondu la superm'dame, il apprendra à être généreux. Il a de qui tenir.

Ouf ! Tout le trajet de la classe du Bêta à la mienne, je l'ai fait sans toucher le sol, en lévitation avec la tête toute rouge. Je te le jure. Ça m'arrive à chaque fois qu'elle me parle. Le temps de traverser tous les couloirs et je suis devenu une grande personne grâce à l'influence de superm'dame, mais, évidemment, lorsque je suis entré dans ma classe et que j'ai vu ma m'dame, j'ai retouché le sol et les mauvais sentiments m'ont de nouveau envahi.

M'dame avait décidé de commencer la journée par ces additions qui te bousillent le cerveau pour le restant de la journée. Aussi ai-je sorti le petit papier du rapport secret, celui que nous appellerons à partir de maintenant « Rapport A. S. » (pour addition et secrète), et j'ai écrit les prix de chaque cadeau du Bêta. M'dame ne pouvait pas remarquer que j'étais en train de faire une A.S. au milieu de la douzaine d'additions qu'elle nous avait données. Le résultat de l'A.S. a été : 503 francs.

J'ai alors fait un effort pour me rappeler ce qu'ils m'avaient offert pour mon anniversaire. Ils avaient dépensé à tout casser, à tout casser, 400 francs, car il faut aussi tenir compte du fait que je ne reçois jamais de cadeaux de mes amis, car, comme tu le sais, un des premiers malheurs de ma vie a été de naître un 10 août.

J'ai fait les autres additions mais je n'étais pas du tout motivé. Ma découverte m'avait rendu profondément triste. Que faire ? Si j'allais prendre la tête à ma mère avec mes additions, je pouvais être sûr qu'elle se mettrait à m'insulter comme une folle (jaloux comme un pou, et j'en passe).

Sur le chemin du retour, je n'ai pas dit un mot. Mon grand-père m'a dit :

– Manolito, Manolito, je ne veux même pas imaginer ce que tu es en train d'imaginer.

Je ne sais pas si je t'ai déjà dit que mon grand-père a

la faculté de lire les pensées de mon cerveau. Comme tu peux le constater, nous sommes une famille avec des pouvoirs paranormaux : mon grand-père lit les pensées, je lévite…

Pendant le repas, je suis aussi resté silencieux. Ma mère m'a regardé, puis a regardé mon grand-père et lui a demandé :

— Tu peux me dire à quoi pense cet enfant ?

— Moi, je ne sais pas, a répondu mon grand-père, qui ne cafte jamais même s'il sait lire ta pensée.

J'ai suivi ma mère jusque dans la cuisine et je suis resté là sans rien dire à la regarder faire la vaisselle. Après tout, ma question n'allait peut-être pas la fâcher. C'était une question comme une autre, c'était : « Pourquoi avez-vous plus dépensé pour le Bêta que pour moi ? »

Et j'ai fini par me lancer :

— Pourquoi… pourquoi avez-vous dépensé plus d'argent pour les cadeaux du Bêta que pour les miens ?

Ma mère a tourné lentement la tête vers moi, comme elle seule sait le faire. Dans ma gorge, la salive a coulé avec un drôle de bruit, le bruit que font les dindons du zoo lorsqu'ils avalent.

— Et qui t'a dit que nous avons plus dépensé pour lui ? demanda-t-elle d'une voix basse et lente.

Dans l'air pouvait se toucher la terrible tension environnementale. J'aurais pu faire demi-tour, m'éloigner de la cuisine et refermer ce chapitre de ma vie qui devenait dangereux, mais comme je suis un peu kamikaze, j'ai continué :

– Moi, j'ai fait les comptes.

Ne me demande pas pourquoi j'ai pris mon sac à dos, j'ai sorti la feuille du classeur et je l'ai montrée à ma mère.

– Et pour moi, vous avez seulement dépensé 400 francs.

– Manolito, Manolito ! Tu vas me rendre folle ! a hurlé ma mère.

Un jour, je vais enregistrer ma mère pour que tu l'entendes hurler, tu comprendras pourquoi aussitôt les cheveux se dressent sur la tête.

Mon grand-père est entré dans la cuisine :

– Qu'est-ce qui se passe, Catalina, pourquoi tous ces cris ?

Ma mère a bafouillé comme si elle n'arrivait pas à sortir les mots de sa bouche :

– Il a additionné... il a additionné pour savoir combien d'argent nous avons dépensé pour chacun... lui, cet enfant... il veut me faire perdre la tête... il a compté ce que nous avons dépensé... et il dit que pour son frère... car il se souvient de ce que nous avons dépensé pour lui... et il me demande pourquoi...

– Je ne comprends rien, a répondu mon grand-père en me regardant.

En vérité, ma mère n'arrivait pas à s'expliquer car elle était à bout de nerfs.

– Il n'a qu'à te montrer l'addition qu'il a faite, dit ma mère.

J'ai tendu l'addition à mon grand-père et ma mère

a fini par tout lui expliquer. Puis mon grand-père s'est gratté l'oreille droite comme quand il ne sait pas trop quoi dire.

– Gronde-le toi, parce que moi je ne sais plus quoi faire pour qu'il comprenne, a dit ma mère à mon grand-père.

– Moi… mais je ne sais pas le gronder…

– Eh bien, puisque c'est comme ça, restez-là tous les deux !

Sur ce, ma mère a enlevé son tablier et est sortie en claquant la porte tellement fort que la pile d'assiettes, qu'elle venait de laver, a failli tomber.

Il n'y avait pas de doute, cette fois elle était en colère. Le Bêta s'est mis à pleurer et mon grand-père l'a pris dans ses bras.

– Manolito… – je voyais bien que mon grand-père ne savait pas par où commencer –, tu sais, les cadeaux ne se comparent pas suivant l'argent qu'ils ont coûté. En fait, les cadeaux ne se comparent pas.

– Pourtant, maman a comparé ce qu'elle avait dépensé pour papa le jour de son anniversaire avec ce que papa avait dépensé pour son anniversaire à elle…

– Ah, alors c'est que dans cette maison, nous sommes tous idiots, je ne vois pas d'autre explication.

Mon grand-père a emmené le Bêta sur le canapé et a mis un feuilleton à la télé pour oublier. Il avait l'air très sérieux. Je suis resté debout comme un abruti, à côté du meuble-bar. Si j'avais eu vingt ans de plus et qu'il y avait eu quelqu'un de l'autre côté du comptoir, je lui aurais dit :

– Sers-moi un double whisky. J'ai besoin d'un remontant.

Mais ce meuble-bar nous a été vendu sans serveur et il reste encore beaucoup d'années avant que je puisse dire cette phrase. Le Bêta s'est dégagé des bras de mon grand-père, a pris la *Sky-dancer* qui était sur la télévision et il est venu vers moi. Il avait encore des larmes au milieu du visage, mais il m'a regardé avec un de ces sourires qui font presque tomber sa tétine. Il m'a déclaré :

– Le Bébé veut jouer avec Manolito.

Et là, c'est moi qui me suis mis à pleurer. Je ne sais pas pourquoi ma mère s'obstine à dire que je n'aime pas le Bêta. Il faut toujours qu'elle mélange tout.

Le Bêta s'est approché de l'oreille de mon grand-père, qui avait déjà le menton enfoncé dans sa poitrine, et lui a dit à voix basse :

– Manolito pleure.

Mon grand-père s'est levé lentement (une fois qu'il est assis dans le canapé, il faudrait une grue pour le mettre debout) et m'a pris par la main pour m'emmener avec lui sur le canapé.

– Je ne sais pas pourquoi je regarde tous ces feuilletons à la télé alors qu'il y a des drames bien plus terribles chez moi.

Nous nous sommes endormis tous les trois.

Soudain, quelqu'un a allumé la lumière. Dehors il faisait nuit ; nous étions tous les trois en sueur et nous nous sommes regardés sans nous reconnaître.

– Qu'est-ce que c'est que ça ? a dit ma mère, sur le pas de la porte.

« Ça », c'était nous trois, avec nos bras et nos jambes emmêlés.

– Papa, tu sais quelle heure il est ? Huit heures. Pourquoi tu ne baignes pas le petit pendant que je prépare à dîner ?… Manolito, tu ne vas pas avoir le temps de faire tes devoirs…

Ma mère s'est mise à donner des ordres comme s'il ne s'était rien passé entre nous, comme si elle n'avait pas claqué la porte en partant, comme si je n'avais jamais fait cette horrible addition. Apparemment, l'affaire était enterrée et classée au chapitre des pires moments de la famille García Moreno.

Et moi, j'aurais fini par tout oublier sans certaines choses qui ont changé la fin de cette histoire.

Le lendemain de l'engueulade, m'dame a relevé les cahiers de calcul pour les corriger. J'étais bien content car, dans le mien, il y avait l'addition, et, au moins, comme ça je pouvais l'oublier. Le même jour, mon grand-père est venu à l'école avec un cadeau pour moi. Il était enveloppé dans du papier que j'ai déchiré sur place, devant mes amis, pour découvrir cette surprise inattendue. Cette surprise inattendue, c'était un survêtement de Titi.

– Non mais regardez-moi ça, Titi ! s'est écrié Yihad avec un air de mépris. C'est un survête de môme.

– On ne t'a pas demandé ton avis, fouineur, a dit mon grand-père.

J'ai couru chez moi montrer le cadeau à ma mère. Elle a regardé le survêtement du coin de l'œil, comme si elle ne voulait pas le voir, et puis elle a dit à mon grand-père que ce n'était pas une façon de m'élever, qu'on ne pouvait pas tout me donner chaque fois que je râlais. Moi, je m'en fichais car j'avais le survêtement de mes rêves. C'était le cas de le dire, le survêtement de mes rêves : je me suis mis à penser et à penser à ce survêtement, si je devais le mettre pour aller à l'école, car Yihad risquait de se moquer de moi, de me traiter de nain ou de trucs du même genre. Je l'ai essayé et je suis sorti avec dans le salon pour que tout le monde me voie.

– Je pourrais m'en servir comme pyjama, maman…

– Pas question, il est très bien pour aller à l'école !

Mon grand-père a alors pris ma défense de la manière la plus inattendue :

– Mais Catalina, ce survêtement je lui ai justement acheté pour qu'il s'en serve comme pyjama. Cet enfant a absolument besoin d'un pyjama pour l'hiver.

Et l'affaire en est restée là. Avant de m'endormir, j'ai demandé à mon grand-père :

– Dis-moi, grand-père, tu ne m'as pas acheté ce survêtement pour dormir, pas vrai ?

– Manolito, mon petit, tu n'as pas besoin de me donner des explications …

– Mais grand-père, si je m'en sers comme pyjama, ça ne veut pas dire que je l'aime moins.

– Mais non, je sais.

Cette histoire aurait pu aussi se terminer ici sauf que m'dame nous a rendu les cahiers corrigés. Quatorze, elle m'avait mis quatorze ! Le premier quatorze en maths de ma vie ! J'étais si content que j'ai embrassé Grandes Oreilles.

– Beeeurk ! avons-nous crié tous les deux, en nous séparant horrifiés.

– Excuse-moi, ai-je dit, je ne recommencerai plus.

Je me suis mis à contempler mon quatorze écrit en rouge, quand tout d'un coup j'ai aperçu la feuille de l'addition A. S.... elle était corrigée aussi ! Et m'dame avait écrit en grosses lettres :

– QUI T'A APPRIS À ADDITIONNER DE CETTE FAÇON ?

Le vrai montant de la somme des cadeaux du Bêta s'élevait à 420 francs. Je te l'ai déjà dit : dans ce chapitre, je passe pour un idiot, mais je ne suis pas le seul.

Mon grand-père m'a raconté que Yihad avait demandé à son grand-père qu'il lui achète un survêtement de Titi, mais qu'il fallait le dire à personne car il le mettrait seulement pour dormir. Lorsqu'il me l'a raconté, je me suis roulé par terre tellement je riais, mais mon grand-père m'a interdit de le répéter.

Le vendredi soir, lorsque mon père est rentré de la route, nous l'attendions, le Bêta et moi, dans la cage de l'escalier. Le Bêta portait lui aussi son survêtement car depuis que je l'ai mis pour dormir, il ne veut plus sortir avec dans la rue. En nous voyant, mon père a crié :

– Mes titis !

Et nous nous sommes jetés dans ses bras, tels deux gros moineaux, et il a failli perdre l'équilibre dans l'escalier et nous avons failli perdre un père.

Puis ç'a été l'heure de dormir ; le Bêta s'est mis à pleurer car il voulait rester au lit avec mon grand-père et moi. Il a presque fallu mettre une camisole de force à cet enfant fou, qui s'était mis à hurler :

– Avec grand-père, avec Manolito !

Le pauvre, je l'imaginais agrippé aux barreaux de son berceau, tel un gigantesque bébé furieux dans sa cage.

– Ils auraient pu le laisser cette nuit, ai-je dit à mon grand-père tandis qu'on entendait le Bêta pleurer dans la chambre de mes parents.

– Nous ne pouvons pas dormir ici à trois, Manolito. Quand tes parents auront acheté des lits superposés, vous pourrez dormir tous les deux dans la même chambre.

– Et toi, grand-père, tu resteras tout seul.

– Tant pis. Ce sera à mon tour d'être jaloux.

– Comment un grand-père peut-être jaloux de ses petits-enfants ?

– Eh, qu'est-ce que tu crois, que tu es le seul jaloux parce que ta mère te le dit tout le temps ? Nous sommes tous jaloux, Manolito. Même Yihad, qui a beau crâner, est jaloux de toi. Ta mère est parfois jalouse parce qu'elle croit que tu m'aimes plus qu'elle. Et ton frère aussi, parce qu'il sait que nous nous amusons plus ici, dans la véranda, que lui avec tes parents.

– Le Bêta est jaloux de moi ?

Pour la première fois de ma vie, j'ai voulu que les lits superposés tant attendus arrivent le plus rapidement possible. Il me faisait de la peine le Bêta dans sa cage. Bien que, une fois que les lits superposés

41

seraient là, mon grand-père se retrouverait seul sur la véranda, avec sa radio et son dentier dans un verre d'eau. Et il devrait dormir la moitié de la nuit avec l'un puis changer de lit et dormir avec l'autre. Je me suis souvenu d'une chanson que ma mère chante dans la cuisine : *Dur de ne pas être fou quand on aime deux personnes à la fois.* Mais dans le fond du fond, jamais je n'aurais pu imaginer que quelqu'un puisse être jaloux de moi, et cette nuit-là, je me suis endormi avec un sourire qui allait d'une branche à l'autre branche (de mes lunettes).

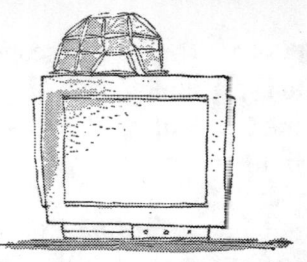

LA CRUAUTÉ D'UNE MÈRE

Après que ce qui est arrivé est arrivé, je suis devenu tellement tellement triste que ma mère a presque dû appeler la psychologue de garde. La psychologue de garde est la même que celle de tous les jours, c'est-à-dire m'dame Espé; ce qui se passe c'est que, dernièrement, elle s'est acheté un téléphone portable et ceux de l'Association des Parents se sont chargés de diffuser le numéro dans toute l'école, comme ça si un parent a un doute terrible, il peut appeler la psychologue de garde à toute heure de la journée, et m'dame Espé donne son avis autorisé.

Par exemple, un exemple, c'est samedi, il est huit heures du matin et la mère de Yihad appelle m'dame :

– Yihad réclame son petit déjeuner en donnant des coups de pied dans la porte de ma chambre, que dois-je faire ?

– En fait, ce que cet enfant est en train de réclamer c'est une claque aux effets sédatifs.

– Merci, merci, comment n'y ai-je pas pensé plus tôt ?

Ou par exemple, un autre exemple, il est minuit et la

43

mère de Susana Culotte-Sale, désespérée, au bord des larmes, appelle la psychologue de garde :

— J'ai ordonné à ma fille d'aller se coucher et elle me dit qu'elle ne bougera pas du canapé tant que l'émission de variétés ne sera pas finie.

— Ce que demande cette fille à grands cris, c'est que vous éteigniez la télévision et que vous l'expédiez dans sa chambre.

— Mais oui, évidemment, heureusement que vous êtes là…

En réalité, les premiers à avoir utilisé ce téléphone de l'Espoir (entre nous, téléphone de l'Espé), ce sont les parents de Grandes Oreilles, qui ont besoin d'avoir une psychologue sous la main tous les week-ends, car Grandes Oreilles devient totalement insupportable (les jours de la semaine aussi, mais ce qu'il y a, c'est que ses parents ont moins le temps d'en profiter), du genre commando incontrôlé. Et comme la mère de Grandes Oreilles n'ose même pas élever la voix, elle compose, affolée, le numéro magique :

— Espé, Grandes'O me dit que si je ne le laisse pas dormir avec moi cette nuit, il retourne chez son père. Alors mets-toi à ma place, qu'est-ce que je fais de Pépine ? Je ne vais quand même pas lui dire d'aller dormir dans le lit de mon Grandes'O pour que mon Grandes'O n'en fasse qu'à sa tête.

— Voyons voir, voyons voir, voyons voir… Adoptons une stratégie classique. Dis à Grandes'O que s'il ne va pas dans son lit et qu'il ne vous laisse pas tranquilles, tu prends ton chausson.

– Mon chausson… Bon, je vais lui dire et je te rappelle pour te dire si ça a fait de l'effet…

Comme tu le sais, la mère de Grandes'O est divorcée et Pépine est son nouvel amoureux. Moi, Pépine, il ne me revient pas car j'adore la mère de Grandes'O, elle est hypercool. Mais ne va pas croire que je préfère le père de Grandes'O, je l'appelle « Le Lourdingue », il a été mon rival n° 1 ; mon rival n° 2, comme tu as pu le deviner, étant Pépine.

Mais tout ça, c'est une autre histoire que je te raconterai un jour en long, en large et en travers. En tout cas, dans ce chapitre de ma terrible vie, ma mère n'a pas appelé la psychologue, entre autres parce que si elle l'avait fait, les tapes avec effet à retardement et les chaussons seraient tombés sur elle. Je commencerai cette histoire depuis le début des temps.

Un jour, m'dame Asunción nous a dit d'acheter à la papeterie du papier-calque, du bristol et de la colle car, en travaux manuels, nous allions faire un cadeau de nos propres mains pour nos propres mères qui, d'après m'dame, sont des saintes car elles doivent nous supporter quand ce n'est pas elle, qui est aussi une sainte, même si le Vatican ne l'a toujours pas reconnue. Le cadeau en question était pour le jour de la Fête des Mères et il fallait le garder top secret. C'est dur de garder un secret et de rentrer chez toi, de tendre la main devant ta mère et de lui dire qu'elle doit te donner de l'argent pour la papeterie, et qu'elle te répond :

– Pourquooooi il faudrait que je te donne ENCORE de l'argent ?

Tu as envie de lui répondre que c'est pour elle et rien que pour elle, mais tu ne parles pas car tu penses : « Un jour, elle regrettera ses paroles. Elle sera émue en regardant l'œuvre d'art que je lui mettrai sous le nez et elle dira : « Tu as fait ça en pensant à moi et, moi, je t'ai disputé, pardonne-moi, mon chéri. » Ces pensées m'aident à être heureux et à la supporter dans ses pires moments.

Finalement, comme d'habitude, elle m'a donné l'argent pour la papeterie et, le lendemain, nous avons commencé à faire le cadeau pour nos saintes mères. C'était un clown avec des fleurs à la main. D'abord, on a dessiné le clown sur le bristol puis on a fait des petites boules avec le papier-calque afin de les coller sur le clown.

Pour les petites boules, je n'avais aucun problème, je suis surentraîné car c'est le même système que pour les crottes de nez. Tu la sors, tu fais une boulette compacte et tu la laisses tomber discrètement par terre. Grandes Oreilles a des problèmes avec le système « boulette-compacte » car il manque d'expérience et d'entraînement ; il est du genre à sortir la crotte puis, ni vu ni connu, il la lance avec ses doigts vers le plafond, et tchao bonsoir. Il n'a aucun scrupule.

Chaque jour, lorsqu'il nous restait un peu de temps, m'dame criait :

– C'est l'heure des petits clowns.

Et nous sortions le bristol de notre casier. M'dame nous a dit que nous pouvions le colorier avec les couleurs que nous voulions et qu'ainsi nous ferions travailler notre imagination, qui en a bien besoin car, comme dit m'dame, nous avons l'imagination atrophiée à force de regarder la télé. Là, nous lui donnons raison, c'est vrai que nous n'avons pas d'imagination mais au moins nous sommes tous très honnêtes.

Yihad voulait colorier son petit clown uniquement en rouge, et m'dame a dit d'accord, car comme c'est un enfant problématique, il faut le laisser tranquille pour qu'il ne soit pas contrariant. Une semaine plus tard, il a demandé à m'dame s'il pouvait mettre des cornes à son petit clown. Quelques jours après, il lui a demandé s'il pouvait remplacer les fleurs par un trident et m'dame a dit d'accord, puis il a eu envie d'ajouter un nuage de fumée sortant d'une queue. Il ne restait du petit clown de départ que le nez. En dessous, il avait écrit au feutre : « Bonne Fête, maman. Ton petit clown diabolique. »

J'étais assez fier de ce que j'avais fait, quand Yihad est arrivé à ma table et a dit :

– Il est vraiment nul ton petit clown, Binoclard.

Il me disait ça par pure jalousie, parce que ça se voyait que mon petit clown était parfait. Mais il s'est tellement moqué de lui que j'ai commencé à avoir le moral à zéro et j'ai voulu faire quelques innovations à mon petit clown. D'abord je lui ai collé deux énormes rustines rouges au niveau des joues et je lui ai frisé ses cheveux orange genre perruque. Si tu enlevais la perruque sur le côté, le clown devenait tout chauve et tu découvrais sur son crâne un pou en slip qui disait : « S'il vous plaît, pourriez-vous me couvrir ? » Cette seconde version a moins plu à m'dame, surtout parce que, à partir de ce moment, tout le monde a voulu transformer son gentil petit clown. Susana a ajouté des crocs dégoulinant de sang ; Moutarde a dessiné un revolver à la place des fleurs ; Arturo Román lui a laissé les yeux en blanc (c'était génial, on aurait dit qu'il était possédé) ; et même Paquito Médina, l'enfant 10 sur 10 a voulu remplacer le costume du petit clown par le maillot du Rayo Vallecano*. Grandes Oreilles, toujours très paresseux, n'a pas fait beaucoup d'innovations : à la place des fleurs, il a juste mis un écriteau : « Pépine le clown ».

M'dame a dit que nous n'avions aucune mesure : soit nous n'avons pas d'imagination soit nous dépassons les bornes. Et elle a ajouté qu'elle ne se rendait pas responsable des petits clowns, quoiqu'elle ait reconnu qu'avec cette histoire des changements, nous avions été pas mal de temps occupés et qu'elle avait pu vivre plusieurs instants en paix, à regarder par la fenêtre avec vue sur la prison de Carabanchel en pensant à sa retraite. Je le sais parce que, de temps en temps, elle souriait bêtement. A moins que ce ne soit les odeurs de colle qui nous aient tous à moitié drogués.

Ce jeudi, nous sommes tous rentrés chez nous avec nos petits clowns, enveloppés dans du papier de couleur transparent et attachés avec d'énormes rubans. Nous ne pouvions pas le mettre dans notre sac à dos pour ne pas écraser les petites boules, il fallait donc se

---

* Le Rayo Vallecano est une équipe de football espagnole.

débrouiller pour l'introduire chez soi sans que notre mère le voie, et le cacher de façon à ce qu'elle ne le découvre pas avant dimanche. J'ai pensé que je pourrais laisser mon cadeau dans la maison de Louisa jusqu'au jour M (comme Mère).

Je montais au premier quand j'ai entendu Louisa et ma mère qui parlaient entre elles. C'était vraiment pas de chance. Je me suis assis sur les marches et j'ai décidé d'attendre jusqu'à ce que ma mère remonte chez nous.

Louisa et ma mère n'arrêtaient pas de rire. Et moi, je m'embêtais tellement que j'ai monté tout doucement quelques marches pour pouvoir écouter ce qu'elles disaient et m'amuser un peu ; car en plus de ça j'avais le cul gelé. Ce que j'ai entendu ne s'effacera jamais de ma mémoire immémoriale : ma mère disait à Louisa qu'elle était impatiente de voir quelle nouvelle horreur de la nature j'avais faite cette année pour la Fête des Mères. Et elles ont éclaté de rire.

– Et quand son frère fera lui aussi des travaux manuels, je pourrai ouvrir un musée des Horreurs.

Et à nouveau, elles ont éclaté de rire.

– Parce qu'évidemment, ils aiment bien que leurs cadeaux soient exposés au public. Rappelle-toi, l'année dernière, j'ai dû laisser son igloo pendant un mois sur le comptoir du meuble-bar ; heureusement qu'il a accepté que je le mette sur la chasse d'eau, quand je lui ai dit que son frère risquait, autrement, de le casser.

Et à nouveau les rires inhumains.

Voilà pourquoi mon igloo était en haut de la chasse

d'eau ! Cet igloo que j'avais fait avec des cure-dents sucés par mon grand-père afin qu'ils soient plus souples pour imiter les courbes de la petite maison polaire. Je lui avais fait sucer deux boîtes pleines de cure-dents, il devait les mettre deux par deux dans sa bouche, un de chaque côté, mais ça ne le gênait pas trop car mon grand-père a toujours un cure-dent à la bouche, même quand il ne met pas son dentier. Il dit que grâce à ça, il a moins la nostalgie du cigare et du temps où il avait de vraies dents. M'dame m'a demandé :

– Comment fais-tu pour que les cure-dents se plient aussi bien ?

Je lui ai expliqué ma méthode et toute la classe m'a copié. Ç'a été facile pour ceux qui avaient encore leur grand-père à portée de main ; les autres ont dû faire avec et ramollir leurs cure-dents eux-mêmes à la récré ou à la cantine de l'école. Grandes Oreilles, qui a un culot de trois tonnes, est arrivé chez moi avec une boîte de cure-dents et a demandé à mon grand-père s'il pouvait les sucer parce que ses grands-parents étaient au village et sa mère avait refusé de faire un travail aussi sale (il faut préciser qu'à Carabanchel, une mère qui se promène dans les rues avec un cure-dent à la bouche, n'est pas bien vue). Grandes Oreilles nous a raconté qu'il avait pensé le demander à Pépine, mais que ça l'avait dégoûté de devoir construire un igloo avec des cure-dents mâchouillés par le fiancé de sa mère. « Voilà pourquoi, a-t-il ajouté à mon grand-père, je peux seulement te confier à toi ce travail. » Quel fayot ! Mon grand-père les a tous sucés un par un. A la fin, il avait un peu mal au cœur, mais mon grand-père ne sait pas dire non, encore moins à Grandes'O, qui est mon meilleur ami (et aussi un traître cochon).

Puis nous avons peint des petits carreaux sur notre igloo et tous ceux qui venaient à la maison, disaient en le voyant sur le meuble-bar :

– Quel igloo, on dirait qu'il sort tout droit du Pôle Nord.

Barnabé l'a dit, Louisa l'a dit, mon père l'a dit et ma mère aussi, le jour où je lui ai offert. Pendant toute une année, j'ai cru qu'elle l'adorait, qu'elle l'adorait tellement tellement qu'elle avait dû le mettre en haut de la chasse à cause de cet empoté de Bêta.

Mais là, assis dans l'escalier, à écouter la description que ma mère faisait à Louisa de tous les cadeaux que je lui avais faits : le chat en coquillages, l'écrin à bijoux en boîte de Nesquik… à entendre leurs rires, je me suis senti un enfant plutôt déçu par la vie, un enfant très vieux avec un passé atroce. Je me suis mis à pleurer tout bas, pour qu'elles ne m'entendent pas, et les larmes tombaient, énormes, sur le papier qui envelop-pait le petit clown que je tenais entre mes mains. Évi-demment, à force de pleurer, la morve a commencé à me boucher le nez, et comme je n'avais pas de mou-choir, j'ai dû faire des efforts pour tout ravaler et Bonie m'a entendu et a descendu les escaliers en remuant la queue. Elle m'a trouvé dans ce terrible état et s'est mise à me lécher le visage comme elle fait avec tous ceux qui se penchent à sa hauteur. Derrière Bonie

est apparue Louisa et, derrière elle, ma mère, car une fois découvert par Bonie, je n'avais plus de raison de me gêner, et je me suis mis à pleurer à chaudes larmes.

Louisa et ma mère sont restées clouées sur place, elles ne riaient plus du tout et restaient là à me regarder, quelques marches plus haut. Hypergênées.

J'ai défait le ruban de mon cadeau, j'ai enlevé le papier rouge transparent qui l'enveloppait, j'ai sorti le petit clown et tu sais ce que j'ai fait ? Je l'ai déchiré, sous leur nez, en quatre morceaux. Et elles sont restées là. Hyperstupéfaites.

Je me suis levé et j'ai monté l'escalier, je suis passé entre elles et j'ai continué à monter pour rentrer chez moi. Et elles sont restées là. Hyperparalysées.

Je me suis enfermé dans les W.-C. et je me suis assis sur la cuvette des waters sans enlever mon sac à dos ni mon pantalon, ni quoi que ce soit. Je voulais juste être tranquille et pour ça, c'est l'endroit que je préfère. Au bout d'un moment, j'ai entendu la porte d'entrée s'ouvrir : d'après les voix, j'ai su que mon grand-père, le Bêta et ma mère étaient arrivés.

Ils se sont approchés des W.-C. :

– Manolito, mon cœur, ouvre, a dit ma mère, d'une voix douce.

J'allais lui répondre : « Oui, j'arrive », mais mon menton a commencé à trembler et je n'ai rien dit. Puis ç'a été le tour de mon grand-père :

– Manolito, mon gars, viens avec nous.

Je ne suis pas sorti car je ne savais pas quelle tête je devais faire ni ce que j'allais dire quand ils seraient tous là à me regarder, aussi je suis resté là en silence. Au bout d'un moment, le Bêta a dit :

– Bébé veut avec Manolito dans les W.-C.

Je savais que s'il y a quelqu'un chez moi qui ne s'avoue pas vaincu, c'est le Bêta. Et même si je ne lui ai rien répondu, il a continué à répéter la même phrase. Il la disait en chantant, il la disait en insistant sur chaque syllabe et en donnant des coups dans la porte : « Bé ! bé ! veut ! a ! vec ! Ma ! no ! li ! to ! dans ! W ! C !... il la disait, il la disait et la disait. J'ai alors ouvert la porte et je l'ai laissé entrer. Lui non plus n'avait pas enlevé son sac à dos. Il s'est assis sur le bidet à côté de moi. Nous sommes restés là en silence mais le silence a été brisé par... des bruits bizarres.

– C'est le bidon de Bébé qui a faim, m'a-t-il dit.

Il s'est levé et a posé ma main sur son ventre. Tous ses boyaux étaient en train de craquer. Il a enlevé son sac à dos et a sorti une moitié de sandwich, qui datait de mardi dernier. Le sac à dos du Bêta est toujours plein de surprises, il y a toujours des restes de nourriture, des pierres ou des bouts de bois qu'il trouve dans la rue. Il a coupé en deux son morceau de sandwich et m'en a donné la moitié. Non seulement c'était superdur, mais en plus le fromage était vert.

– Ce truc-là est immangeable.

– Bébé le mange. Bébé ne sera pas malade.

Il l'avait déjà mis dans sa bouche et j'ai dû lui enlever.

– Non, ça va te faire du mal.

– Mais Bébé a faim.

Par la fente de la porte se glissait une odeur de pot-au-feu, qui devait déjà se trouver sur la table avec ses vermicelles et ses pois chiches. Nos boyaux se sont mis à craquer à l'unisson. Il n'y a pas de plus grande torture que d'avoir faim et de sentir le pot-au-feu. J'ai ouvert la porte et nous sommes sortis. Comme je l'avais prédit, l'assiette de mon grand-père, celle du Bêta et la mienne fumaient sur la table. Ma mère ne s'était pas mis d'assiette, mais elle s'est assise avec nous et a commencé à faire quelque chose que je n'oublierai jamais : elle a pris les morceaux du clown que j'avais déchiré et s'est mise à les recoller un par un (ainsi que les petites boules qui étaient tombées). Je la regardais du coin de l'œil parce que j'étais encore très fâché et que lorsque quelqu'un est fâché, il ne regarde pas les personnes en face.

Ma mère avait des gestes très lents comme s'il s'agissait d'une chose très délicate, et elle a passé un long moment à le reconstruire. Puis, elle l'a accroché avec quatre punaises au mur du meuble-bar. Tout ça, elle le faisait sans rien dire, comme si elle était très occupée.

– Catalina, a dit mon grand-père, il faudrait mettre ce clown sous verre, sinon les petites boules vont finir par tomber.

– J'y ai déjà pensé, a répondu ma mère.

– C'est Barnabé, a dit le Bêta, la bouche pleine de pois chiches. Il a une perruque.

– C'est vrai, a remarqué mon grand-père. Je me disais bien qu'il ressemblait à quelqu'un.

Ma mère a sorti l'igloo de la salle de bain et l'a mis sur

la télévision. J'ai continué à ne rien dire, ni à ce moment-là ni quand je suis rentré de l'école l'après-midi.

A l'heure d'aller au lit, ma mère est venue sur la véranda, je croyais que c'était pour me donner le bisou du soir mais elle m'a pris par la main et m'a emmené dans sa chambre. Cette nuit du vendredi, elle a voulu que je dorme dans son gigantesque lit. Le Bêta faisait des bonds dans son berceau parce qu'il adore que son héros (moi) dorme près de lui. J'ai entendu mon grand-père dire dans le salon :

— Donc, cette nuit vous me laissez tout seul, bon, bon…

Ma mère a éteint la lumière et, là, dans l'obscurité, sa voix est devenue bizarre, comme si c'était la voix de la mère d'un autre.

— C'étaient des idioties, ce que j'ai raconté à Louisa. J'adore le petit clown, j'adore l'igloo, le chat en coquillages et l'écrin de Nesquik…

— Le petit clown ressemble maintenant à Frankenstein, ai-je dit, il a des cicatrices sur tout le corps.

— Ces cicatrices, c'est de ma faute, Manolito.

— Ce n'est pas vrai que tu l'adores, tu dis ça pour me faire plaisir.

— Non, je l'adore vraiment beaucoup, je te le jure.

— Sur la tête de qui tu me le jures, sur la tête de… papa ?

— Je te le jure sur la tête de papa.

— Sur la tête de grand-père ?

— Sur la tête de grand-père.

— Sur la tête du Bêta ? lui ai-je demandé, sachant que

c'était la question la plus délicate, car jamais ma mère ne ferait de faux serment sur la tête de son petit chouchou.

– Je te le jure sur la tête du Bêta.

Et à ce moment-là, l'enfant du jurement, qui venait de sauter de son lit comme chaque nuit, nous est tombé dessus. Il s'est fait une place au milieu, mais ma mère l'a mis sur un côté et elle s'est retrouvée au milieu de nous deux. Le Bêta n'était pas d'accord avec ce changement et a dit en gardant sa tétine dans la bouche :

– Bébé avec Manolito.

Si bien que la nuit de ce vendredi, celui qui s'est retrouvé au milieu, à la majorité absolue, c'est moi. Et je me suis endormi en pensant que ç'avait valu le coup que je me fâche puisque tout le monde avait fait attention à moi et que j'étais devenu le centre du monde mondial. Mais j'ai pensé aussi que, malgré le terrible jurement qu'avait fait ma mère, j'allais désormais regarder le clown et l'igloo sans trop savoir s'ils étaient beaux ou laids.

– Bon, m'a dit mon grand-père le lendemain matin, c'est ce qui est arrivé à toutes les grandes œuvres d'art de tous les temps. Elles n'ont jamais été estimées comme elles le méritaient.

En fait, mon doute était le suivant : étais-je un grand artiste ou mon grand-père était-il très gentil avec moi ? Ces deux choses étaient trop bien pour pouvoir arriver en même temps.

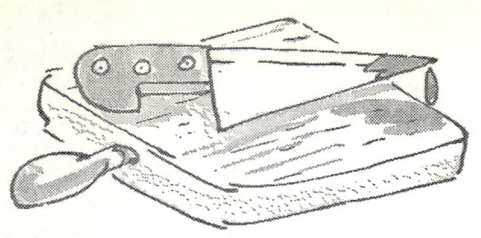

Un terrible soupçon

Mon père a appelé à dix heures et demie du soir, comme d'habitude. Comme d'habitude, le Bêta a décroché le téléphone, et ils ont passé au moins une demi-heure à parler de tout et de rien, si nous avions bien mangé au dîner, si le Bêta avait pris une douche, s'il avait fait caca et si Mélanie était la fille la plus bête qu'il y ait eu sur Terre. Bref, le genre de conversation que mon père et le Bêta ont du lundi au jeudi, quand mon père n'est pas là. Puis ç'a été le tour de ma mère et, comme d'habitude, ma mère lui a dit de ne pas boire, de beaucoup dormir, de ne doubler personne avec le camion, de ne pas dépasser le vingt à l'heure et qu'il nous manquait beaucoup. Puis ç'a été à moi ; je lui ai dit, comme d'habitude :

– On est mardi, il ne reste plus que deux nuits avant que tu reviennes.

– Tu as envie que je revienne ?

Quelle question. Bien sûr que j'avais envie qu'il revienne.

– Oui.

– Alors, dis-le moi plus fort.

– Ouiiiiiiiiiiiiiiiii ! ai-je crié au téléphone.

– Bon, d'accord, d'accord j'ai compris. Tu aurais sans doute encore plus envie si tu savais ce que je vous rapporte...

– Qu'est-ce que c'est ?

– Ah, une surprise, c'est une surprise.

– Mais donne-moi au moins un indice, un seul.

– Trois indices : c'est doux, avec des pattes et ça a deux grandes oreilles.

J'ai lâché le téléphone et je suis parti en courant à la cuisine chercher ma mère. J'étais tellement ému que j'avais du mal à parler.

– Papa a dit qu'il va nous rapporter un chien.

Ma mère est allée vers le téléphone en répétant :

– C'est pas vrai, c'est pas vrai !

Le Bêta et moi nous nous sommes mis à sauter sur le canapé, tandis que nous entendions ma mère qui disait :

– Je ne veux pas de chien à la maison, je n'ai pas envie de nettoyer les crottes et la pisse.

Puis elle a écouté ce que lui disait mon père et elle a répondu :

– Ah bon, je ne sais pas, je ne sais pas... Bien sûr, je ne vais pas dire non maintenant, je ne veux pas toujours être la méchante qui dit non. Bon, allez, au revoir.

Ma mère nous a regardés et a pensé tout haut :

– Eh ben dis donc, votre père...

Ce soir-là, le Bêta et moi nous nous sommes presque

battus pour trouver un nom à notre chien. Le Bêta disait :

— Bonie, comme Bonie.

— Bonie ? Comme la Bonie ? Ça va pas. Grand-père, le Bêta dit qu'on l'appelle comme Bonie. D'abord, nous ne savons même pas si c'est une chienne, et puis, si c'en est une, nous n'allons pas avoir deux chiennes qui s'appellent pareil, dans le même immeuble. Qu'est-ce que tu veux, crier « Bonie ! » et voir les deux rappliquer ?

Je voulais que mon grand-père se rende compte de l'absurdité de ce que disait le Bêta et je lui tirais le bras pour le mettre de mon côté, tandis que le Bêta lui tirait l'autre bras et répétait tranquillement :

— Bonie, comme Bonie.

— Grand-père, il le dit juste pour m'embêter. Il s'appellera Toby, ou Boby, ou Rex…

Le Bêta a alors enlevé sa tétine et a dit froidement en baissant les yeux :

— Manolito, comme Manolito.

— Mais on ne peut pas appeler un chien Manolito. Grand-père, dis-lui de ne pas dire de bêtises !

— Un chien, a déclaré mon grand-père, s'il est noir s'appelle Noiraud, s'il est blanc Neige, et s'il est marron Caramel. Voilà, c'est tout, pas besoin de se compliquer plus la vie.

Le Bêta a retiré à nouveau sa tétine. Avant qu'il ne dise quoi que ce soit, je l'ai prévenu :

— Fais attention à ce que tu dis, sinon tu vas voir !

Mais le Bêta a dit avec un petit sourire en coin :

– S'il a des lunettes, Manolito. Comme Manolito.

Je lui ai alors pris sa tétine et je l'ai jetée le plus loin que j'ai pu. Sur l'étagère du salon. Le Bêta s'est mis à pleurer comme si on venait de lui remonter un ressort et s'est jeté sur moi, tel un enfant endiablé, pour m'enlever mes lunettes. Nous nous sommes attrapés par le visage, les oreilles et le cou. Les mains du Bêta sont petites mais ont une force surnaturelle. J'ai même cru qu'il allait m'arracher l'oreille, je t'assure. Mon grand-père a essayé de nous séparer, mais il était déjà trop tard. Ma mère a dû intervenir, elle nous a attrapés par les cheveux et elle a tiré, tiré jusqu'à ce qu'elle nous sépare.

– Chacun dans son lit ! Ce soir, je ne veux pas vous entendre, j'en ai assez !

En fait, je me suis senti libéré, comme si on m'avait enlevé une bête surexcitée de la tête. J'étais prêt à aller me coucher comme on me l'avait dit, mais il y a des jours où on ne fait jamais les choses bien.

– Manolito, tu ne vas tout de même pas aller au lit sans te laver les dents, cochon ? m'a demandé ma mère avec une colère contenue.

– Mais tu viens de me dire d'aller au lit.

– Ils trouvent toujours des excuses ! Et ils sont de plus en plus sales et…

– Catalina… ça va, c'est bon, lui a dit mon grand-père, qui regardait la télé.

Je suis allé me laver les dents. Sur le chemin, j'ai croisé le Bêta et nous nous sommes bousculés, mais ç'a été une attaque silencieuse. Ni l'un ni l'autre ne voulions que ma mère se rende compte de quoi que ce soit. Comme tu le vois, il y a des moments où nous nous haïssons dans la plus grande discrétion.

Ah, le monstre ! Comment il m'avait arrangé la tête ! En me regardant dans la glace, j'ai vu que j'avais plein de petites griffures sur les joues. J'ai montré mes dents à la glace : c'est bon, elles étaient comme avant. J'ai mouillé un peu la brosse à dents pour que ma mère croie que je les avais lavées, puis je l'ai remise dans le verre. Je suis retourné vers mon lit en essayant de ne pas croiser le petit assassin dans le couloir.

Comme tous les soirs, ma mère a mis ses jambes sur la table et a regardé la télé en fumant la cigarette qu'elle ne peut pas fumer dans la journée car, d'après elle, avec nous elle n'a pas le temps. Je la voyais du canapé-lit sur la véranda. J'ai commencé à m'endormir en la regardant faire des petits ronds de fumée. J'étais sur le point de fermer l'œil quand j'ai vu réapparaître l'enfant assassin, tout silencieux, en pyjama. Il est resté au milieu du salon à la contempler. Ma mère a attendu le dernier rond de fumée, elle est comme ça ma mère, un peu crâneuse, avant de le regarder puis elle lui a demandé l'air de rien :

— Et maintenant, qu'est-ce qui t'arrive ?

— Bébé ne peut pas dormir.

— Eh bien, tant pis pour Bébé, a répondu ma mère.

J'ai pensé : « Bien dit. Quelle fermeté, voilà comment il faut lui parler. »

— Mais Bébé…

J'ai remarqué que le Bêta avalait sa salive comme quand il va se mettre à pleurer. Il avait aussi le menton qui tremblait.

– Bébé n'a pas de tétine. Manolito l'a jetée là-haut. Quel traître cafteur !

Ma mère a soupiré : « Ah, mon Dieu ! », puis elle est montée sur une chaise et a descendu la tétine. Elle l'a mise dans la bouche du Bêta, l'a pris dans ses bras et l'a porté jusque dans la chambre en lui disant : « Maintenant, bébé, il faut dormir ».

J'allais refermer les yeux en pensant : « Quelle injustice en ce monde », mais au moment où j'allais m'enfoncer dans cette noire pensée, j'ai donné un coup de frein cérébral et j'ai décidé que je m'endormirais en pensant à mon chien. C'est ce que l'on appelle du contrôle mental.

Le lendemain, le temps d'arriver dans la classe et tout le monde a su que j'allais avoir un chien. Ils ont tous été jaloux car je ne connais pratiquement pas d'enfant qui ne voudrait pas avoir de chien ; cela dit, je ne connais pratiquement pas de mère qui soit prête à en avoir un. Enfin, bref, ils étaient tous hyperjaloux sauf Paquito Médina, qui en a déjà un. On le lui a acheté pour ses notes de fin d'année. C'est un fox-terrier, comme Milou le chien de Tintin ; et je ne te dis pas comment il frime, l'après-midi, quand il sort Pouskas, c'est comme ça qu'il s'appelle, dans le parc du Pendu et qu'il s'amuse à lui lancer la balle.

En classe, j'ai essayé de me concentrer mais c'est devenu rapidement impossible, alors j'ai branché le

Manolito automatique et je l'ai laissé écouter m'dame réciter un poème sur une lune qui portait une chemise de nuit. Pendant ce temps, le vrai Manolito pensait à son chien : « Comment sera-t-il ? Mon père avait dit : très doux, avec deux oreilles et quatre pattes. Bon, comme tous les chiens. Je le dresserai pour qu'il aille à côté de moi sans laisse, et pour qu'il me défende dans les situations d'extrême danger, et pour mordre Yihad dès qu'il le croiserait… » En pensant à ça, j'ai été pris d'un fou rire.

— Manolito ! a hurlé m'dame dans mon dos. Tu vas nous expliquer ce qui est si drôle dans ce poème.

J'étais prêt à lui dire que je ne riais pas pour ça, mais je savais qu'elle risquait de s'énerver encore plus, aussi…

— Euh, c'est à cause de l'histoire de cette lune qui porte une chemise de nuit, ça me rappelle une grosse dame que je connais. Je ne l'ai jamais vue en chemise de nuit mais je l'imagine très bien.

Toute la classe a éclaté de rire.

— Qui est cette dame ? m'a demandé m'dame, en approchant son visage si près du mien que j'avais son haleine dans le nez.

J'ai baissé les yeux et j'ai regardé par terre en espérant que ce moment passe le plus vite possible.

— Manolito, tu te crois très malin ?

J'ai fait non de la tête.

— Heureusement, parce que tu ne l'es pas du tout, assieds-toi.

Je me suis assis avec le visage rouge comme un feu rouge, et ne comprenant toujours pas pourquoi cette engueulade si cruelle m'était tombée dessus. De la table de derrière, on m'a fait passer une feuille où il était écrit :

« Manolito, la fason que t'as d'appeler m'dame grosse ! Mets-toi un dix sur dix. »

D'après le style littéraire et le « s » de fason, je savais que la feuille venait de Yihad. Je me suis retourné, il était en train de me regarder, nous nous sommes souri comme si nous étions deux grands complices. En vérité, je n'avais pas du tout eu l'intention d'appeler m'dame grosse, ce qui ne m'empêche pas de le penser sous son nez et à sa barbe. Si je me mettais à dire toutes les choses horribles que je pense sur les gens, je rentrerais tous les jours chez moi comme un blessé de guerre. Le Manolito automatique peut même me servir à un moment historique pour dire à m'dame qu'elle est belle ; le vrai Manolito me sert pour penser le contraire. Je suis comme ça, un enfant à deux faces.

En vérité, je ne savais pas comment j'allais faire pour passer un jour de plus sans connaître mon chien. En sortant de l'école, le Bêta et moi nous avons joué au chien et au maître, mais au bout d'un moment c'est devenu mortel comme une pelle, car le Bêta s'arrêtait devant chaque arbre et levait la patte comme pour faire un petit pipi. Et il est tellement rentré dans la peau de son personnage qu'en arrivant au parc, il a couru jusqu'à l'arbre du Pendu, a baissé son survêtement et s'est mis en position pour faire caca. J'ai éclaté de rire, en partie parce que je savais que le Bêta imitait Bonie, car c'est l'arbre qu'elle préfère pour faire le popo (comme dit

Louisa) ; en partie parce que je n'avais encore jamais vu un chien descendre son pantalon pour faire ses besoins. Je ne pouvais pas croire que le Bêta n'était pas seulement en train de jouer, mais qu'il avait de véritables intentions. C'est devenu évident quand j'ai vu son visage se gonfler et devenir rouge. Ensuite, il s'est redressé tout content, et, sans remonter son pantalon, a dit :

— Voilà, c'est fait.

Une dame qui passait par là avec ses courses et qui avait vu toute la scène a crié à mon grand-père :

— Qu'est-ce qu'il ne faut pas voir !

— Mais, Madame, nous sommes en train de répéter pour le jour où nous aurons un chien.

— Et en plus, vous trouvez ça drôle.

— Attendez Madame, restez, la représentation n'est pas finie.

La femme s'est arrêtée net et nous a jeté un regard de haine concentrée. Alors, mon grand-père m'a dit :

— Manolito, va chercher un sac.

J'ai pris un de ces sacs que la Mairie laisse pour les cacas des chiens et je l'ai apporté à mon grand-père.

— Bon, mon petit, maintenant ramasse le caca du toutou.

— Mais grand-père…

— On répète ou pas ? N'oublie pas qu'à partir de demain, tu vas devoir le faire tous les jours.

J'ai mis la main dans le sac comme j'avais vu faire Louisa quand elle ramassait la bouse à Bonie, et je me suis approché de l'arbre. Le Bêta avait toujours son pantalon baissé. Il a tiré la langue et s'est mis à haleter, comme fait Bonie lorsqu'elle est contente. J'ai regardé ailleurs en essayant de ne pas respirer par le nez afin de ne pas sentir l'odeur. Malgré le plastique entre ma main et le caca, j'ai pu ressentir la chaleur du produit intérieur brut de mon frère-chien. J'ai fait un nœud au sac et l'ai jeté dans un container. Mon grand-père a dit à la dame :

– Qu'est-ce que vous en dites ? Je ne les ai pas bien élevés ?

– C'est à n'y rien comprendre, a dit la dame en partant avec ses courses.

Le Bêta a remonté son pantalon, prêt à continuer son jeu, mais j'en avais marre et je lui ai dit qu'on ne jouerait plus au maître et au chien avant l'arrivée du vrai chien, ce fidèle compagnon qui me suivrait partout en remuant la queue, comme font les chiens dans les films.

Le vendredi, chez les García Moreno, l'excitation était arrivée à un tel point que lorsque mon père a donné un coup de klaxon en arrivant dans la rue, le Bêta et moi nous avons ouvert la porte et nous sommes sortis en criant comme des fous sur le palier. Louisa est montée en courant dans l'escalier avec l'extincteur que lui avait offert Barnabé pour leur anniversaire.

– Où est le feu ? s'est-elle écriée en pointant l'extincteur comme s'il s'agissait d'un pistolet désintégrateur.

– Rentre ton extincteur, ma belle, lui a dit ma mère. C'est leur père qui ramène une bestiole. Il ne manquait plus que ça : une bestiole. Comme si je n'en avais déjà pas assez avec ces deux animaux-là.

En entendant mon père monter les escaliers, nous nous sommes remis à crier. Ma mère nous a flanqué sa célèbre double tape. C'est une tape qu'elle répète déjà depuis quelques mois. Les ingrédients pour une bonne double tape sont :

1. Les deux mains de celui qui donne la tape.

2. Deux têtes (ça peut être les têtes de deux fils, d'un fils et d'un neveu, ou, à défaut, de n'importe qui, peu importent les liens du sang).

3. Plus d'adresse que de force.

Avec ces ingrédients, une mère entraînée peut faire des merveilles. Ma mère est capable de nous donner une tape au Bêta et à moi, en même temps et avec la même intensité.

En sentant la tape sur nos têtes, nous nous sommes tus immédiatement. Nous avons vu mon père apparaître avec une boîte à chaussures, il est passé entre nous deux en levant la boîte, comme s'il y avait quelque chose de merveilleux à l'intérieur, et il est entré dans la maison. Louisa l'a suivi avec son extincteur à la main et mon père, avec un grand sourire, a posé la petite boîte sur la table.

Nous nous sommes tous mis autour comme s'il s'agissait d'un gâteau d'anniversaire. Mon père a posé délicatement les mains sur le couvercle en carton, et avec le geste lent des magiciens, l'a soulevé tout doucement. Ce que nous avons vu ensuite nous a laissé la bouche grande ouverte. Quelques instants se sont écoulés au cours desquels ma mère, mon père et mon grand-père nous ont regardés pour voir notre réaction. J'étais tellement halluciné que je ne savais pas quelle tête faire. J'ai fermé la bouche, j'ai avalé ma salive et la seule chose qui m'est sortie, ç'a été :

– Mais ce… ce n'est pas un chien.

Ce n'était pas un chien. Ce petit animal blanc, au poil doux, avec quatre pattes et deux grandes oreilles, était un lapin.

– Tu m'as dit que c'était un chien, ai-je reproché à mon père.

– Mais c'est toi qui t'es imaginé ça ; moi je t'ai dit que je t'apportais une surprise.

– Toi aussi tu savais que ce n'était pas un chien ? ai-je demandé à ma mère.

– Un chien ou un lapin, qu'est-ce que ça peut faire ? a répondu ma mère. Il va me salir la maison autant qu'un chien. Manolo, lundi, tu le mets dans ton camion et tu le relâches dans la campagne.

– Dans la campagne ? Tout seul ? Petit comme il est… a dit Louisa, en le contemplant avec des yeux pleins de pitié.

C'est vrai que je ne voulais pas de lapin, et qu'en le voyant j'ai été très déçu, mais de là à l'abandonner en plein milieu d'un champ… Rien que de penser à ce petit lapin si blanc et si seul dans une forêt un soir d'orage, j'avais envie de pleurer.

Il s'était blotti dans un coin de la boîte. Mon père lui avait mis de la sciure et le lapin était très calme avec les yeux grands ouverts. Je suis sûr qu'il écoutait attentivement ce que nous disions, car il était question de son avenir. Je n'osais pas trop mais j'ai fini par le toucher du doigt entre les deux yeux. Il a cligné ses paupières et a bougé un peu les oreilles.

– Si vous voulez, je le reprends..

– Oh non ! ai-je crié.

– Trop tard, a dit ma mère. Maintenant qu'ils l'ont vu, tu ne vas pas leur prendre. Cela dit, quand il sera grand, tu l'amèneras dans une ferme.

Le Bêta est monté sur une chaise et a mis sa Barbie *Sky-dancer* dans la boîte.

– Tiens, labin, joue.

Mais le lapin n'a pas bougé d'un centimètre.

Nous avons installé sa maison-boîte sous le radiateur, derrière le meuble-bar. Et nous lui avons mis du lait et une carotte. Avant d'aller au lit, nous avons passé beaucoup de temps à le regarder, à lui caresser le dos, mais sans jamais le prendre dans nos bras parce que mon grand-père nous a dit que c'était très mauvais de prendre les animaux quand ils sont bébés car leurs pattes peuvent se déformer.

Je me suis couché en me disant que c'était bizarre d'avoir un lapin. Les gens ne sortent pas promener leur lapin dans la rue, ni ne lui crient : « Toby ! », et le lapin ne vient pas en remuant la queue. En plus, comment j'allais faire pour retourner à l'école et dire qu'à la place du chien tant attendu, on m'avait apporté un lapin ?

Mais mieux valait ne pas râler car sinon, j'étais prévenu, mon père le laisserait en plein milieu d'un champ.

Comment ont réagi mes amis ? Tu peux t'imaginer, non ? J'ai dû supporter leurs ricanements pendant vingt-cinq minutes. Yihad se donnait des coups dans le ventre comme un singe. Je l'aurais tué, mais je hais la violence. Surtout parce que j'ai des chances d'être perdant. A la fin, j'ai décidé de ne plus faire attention à eux, entre autres parce qu'ils avaient beau se moquer, ce qu'ils voulaient, c'était voir le lapin. Et tous les après-midi, pendant une semaine, j'amenais un mec de ma classe pour qu'il lui touche un peu les oreilles.

— Avec cette histoire de lapin, je me retrouve tous les après-midi avec un enfant en prime au goûter.

A entendre ces mots de ma mère, tu pourrais croire que ça lui déchire le cœur de devoir donner un sandwich à un de mes amis. Mais le plus hallucinant, c'est le plaisir qu'elle prend à leur sortir des tas de choses à manger, et s'il y en a un qui ne mange pas en entier un de ses énormes sandwiches (Grandes Oreilles, par exemple, qui fait toujours plein de chichis), elle passe son temps à murmurer :

— Pour qui il se prend celui-là. J'aimerais bien voir ce qu'on lui donne chez lui.

Dans des moments-là, mon grand-père nous regarde et dit :

— C'est l'esprit de contradiction.

Mais revenons au lapin. Nous ne lui avons pas donné de nom car personne n'a pensé qu'un lapin pouvait en avoir un. Finalement, nous l'avons appelé Labin, comme le Bêta, qui est toujours enrhumé et a de la morve qui l'empêche de bien prononcer les mots.

Labin n'est pas sorti de sa boîte de toute la semaine. Dès qu'on avait le dos tourné, il changeait de place, alors que devant nous, il restait immobile. On aurait dit qu'il profitait de notre absence pour bouger et se mettre dans un coin différent de sa boîte. J'ai commencé à me demander quelle était la différence entre avoir un lapin et ne pas en avoir.

Une semaine après l'arrivée de Labin à Carabanchel, nous nous sommes levés et nous sommes allés le voir pour lui dire, comme tous les matins : « Bonjour, Labin. » Mais Labin n'était plus là. Nous l'avons cherché pendant une demi-heure. Puis ma mère a passé le balai sous tous les meubles jusqu'à ce qu'on le trouve : il s'était caché dans un creux derrière le bidet, et comme le sol de la salle de bain et le mur sont blancs, son corps était camouflé. On aurait dit que ses yeux, tout noirs, flottaient à dix centimètres du sol. Il nous regardait sans sourciller, l'air de dire : « Ça n'a pas été facile de me trouver, hein ? »

A partir de ce jour-là, notre Labin a joué à cache-cache tous les matins et chaque fois, on le retrouvait à un endroit différent : sous un lit, dans la pelle pour ramasser les poussières, derrière un rideau. Cela dit, Labin revenait, toutes les nuits, dans sa boîte sous le radiateur. Ce n'était plus le petit Labin timide que nous avions connu le soir où mon père nous l'avait apporté. Maintenant, il ne se gênait plus pour gambader dans toute la maison ; il mangeait énormément et, de temps en temps, il nous laissait le prendre dans nos bras. Pas toujours.

Louisa nous a offert un vieux collier de Bonie avec une clochette et notre lapin est devenu superbeau avec son collier rouge sur son poil blanc. Nous avons attaché une corde à son collier et nous l'avons descendu dans le parc du Pendu. Bonie et Pouskas devenaient fous en le voyant et il fallait les attacher car j'avais peur qu'ils le mangent. Quoique ça aurait été impossible, car Labin avait tellement grossi qu'à côté, Bonie avait l'air d'un rat. Je ne le détachais jamais de peur qu'il s'échappe, aussi quand nous le descendions au parc, il ne mettait jamais les pattes par terre. Nous nous asseyions sur un banc, le Bêta et moi, et nous le tenions chacun dans nos bras à tour de rôle. Bon, ce n'était pas supermarrant mais ça aurait été pire encore si, comme certains enfants de ma classe, nous avions eu un hamster auquel tu ne peux même pas mettre de collier tellement c'est petit. Quand nous revenions à la maison, là oui nous le laissions marcher sur le trottoir avec nous, et tous les gens nous regardaient comme s'ils n'avaient jamais vu de lapin de leur vie. C'était trop cool.

Lorsque nous rentrions de l'école, le lapin ne venait jamais nous accueillir, il se baladait dans un de ses coins préférés. Nous nous sommes rapidement faits à l'idée que notre lapin ne nous souhaiterait jamais la bienvenue ni ne nous dirait au revoir tendrement. Il n'était pas comme Bonie, que tu entends renifler sous la porte dès que tu t'approches de chez Louisa, et qui te lèche ensuite de haut en bas tellement elle est contente de te voir. Notre lapin se fichait de savoir qui entrait ou sortait. Ce n'était pas un lapin de garde. Cinq voleurs auraient pu entrer dévaliser la maison et nous menacer de leurs pistolets mortifères, le lapin s'en serait moqué et aurait continué à manger le pied du meuble qu'il aurait choisi à ce moment-là. C'était un lapin indifférent. Peut-être qu'il nous aimait, mais nous n'avons jamais réussi à le savoir.

Je parlais du truc de manger le pied de la table, c'est qu'en fait, Labin est passé de ne rien faire à se comporter plutôt moyen. Labin ne faisait pas que jouer à cache-cache tous les matins, ce qui était assez drôle, il s'en prenait régulièrement aux pieds des chaises. Dès que nous étions partis à l'école et qu'il restait tout seul, Labin se mettait au travail. Au début, il ne donnait que des petits coups de dents, mais il y a pris goût et certaines nuits, j'entendais dans mes rêves : « Rac, rac, rac… ». Il faut croire que pour Labin, c'était un travail comme un autre. Toujours est-il qu'un jour, nous nous sommes assis pour déjeuner et j'ai dit à mon grand-père :

— Papou, tu es tordu.

— C'est vrai, papa, tu es penché. Mets-toi bien, sinon tu vas encore avoir mal au dos.

— Mon Dieu, a dit mon grand-père d'une voix triste. Dire que de mon temps, j'étais le gars du village qui se tenait le plus droit. Ça y est, c'est le début de la fin…

Mais ma mère a arrêté de l'écouter ; elle s'est levée tout doucement et s'est mise à quatre pattes à côté de la chaise de mon grand-père. J'ai pensé : un grand-père penché, une mère à quatre pattes… Dans quel milieu suis-je en train de grandir ?

– Où est passé ce lapin, que je le tue ? a demandé ma mère, d'un ton si sérieux que nous nous sommes tous levés pour regarder le corps du délit.

Le lapin avait mangé un bon morceau d'un des pieds de la chaise, et, évidemment, c'était impossible de se tenir droit dessus. Ça a été le premier forfait de notre gentil petit lapin.

Sa boîte à chaussures était devenue beaucoup trop petite. Le problème, c'est qu'apparemment la maison entière était devenue trop petite pour lui : toutes ses journées, il les passait à courir d'un bout à l'autre, comme s'il était très occupé et très pressé. Pour qu'il ne bouge plus, je l'ai attaché une nuit au radiateur et là je crois qu'il a commencé à manger le meuble-bar, comme ça, sans mauvaise intention, juste pour s'amuser. Je t'ai déjà dit plusieurs fois que, chez moi, le meuble-bar est le meuble le plus important ; aussi, lorsque ma mère a découvert à quoi s'occupait Labin, elle s'est mise à crier comme une possédée que nous devions choisir entre le lapin et elle. Et elle s'est fâchée encore plus en nous voyant rester là sans rien dire, en partie parce que, dans l'histoire de l'humanité, on n'avait encore jamais vu des enfants obligés de choisir entre une mère et un lapin, et en partie aussi, c'est vrai, parce que… dans certains moments très désagréables, je choisirais bien le lapin.

Le vendredi suivant, après le drame du meuble-bar, ma mère s'est postée dans l'escalier à attendre mon père et, sans même l'avoir embrassé ni lui avoir dit : « Salut, comment ça va ? », elle a attaqué directement :

– Cet animal en veut à notre maison, il a pris l'habitude de faire ses besoins à côté de ma petite table de nuit, il mange toutes les chaises, il a attaqué le meuble-bar, il passe ses nuits à se balader partout, on dirait un fantôme, et si tu l'attaches c'est encore pire…

– La semaine prochaine, je lui trouve une ferme. N'en parlons plus, Catalina.

Mon père est comme ça. Il n'aime pas discuter trop longtemps.

Ça me faisait beaucoup de peine que Labin disparaisse de nos vies, mais mon grand-père m'a expliqué qu'un lapin n'a d'amis que chez les autres lapins, et qu'il ne parviendra jamais à être le meilleur ami de l'homme, et que le problème avec notre lapin, c'est qu'il n'avait personne avec qui parler et c'est pour cela qu'il se mettait dans tous ses états.

Je m'étais fait à cette idée, mais lundi, il est survenu un événement qui a changé la fin de cette histoire. Lorsque ma mère nous a ouvert la porte à notre retour de l'école, elle nous a dit ;

– Retournez dans la rue chercher le lapin. Tout à l'heure, j'étais en train de nettoyer le paillasson et il s'est échappé.

Le Bêta et moi nous sommes descendus en courant. Nous avons fait le tour de mon immeuble, nous sommes allés demander dans le magasin de Porfiria, qui est toujours au courant de tout, et puis nous sommes allés au Tropezón, puis au parc du Pendu, et enfin sur le terrain vague à côté de la prison, où nous avons crié de toutes nos forces :

– Labin, petit Labin !

En retournant au parc du Pendu, nous avons rencontré Moutarde, Grandes Oreilles et Paquito Médina qui jouaient à la balle au prisonnier. Ils ont arrêté de jouer et se sont mis aussi à crier à tue-tête pour retrouver notre mascotte disparue.

La nuit est tombée et nous avons dû rentrer chez nous. Je voulais aller à la police et appeler l'émission *Perdu de vue*, mais ma mère m'a dit que ni la police ni la télé ne s'occupent de lapin perdu. J'ai quand même écrit à l'émission en mettant dans l'enveloppe une photo que mon père avait prise de moi et du lapin à l'entrée de l'immeuble. Je leur ai dit :

Voilà mon lapin. Mon frère l'appelle Labin. Il est blanc et a un collier rouge avec une clochette. Il adore manger les pieds des meubles. Il n'est affectueux avec personne. J'offre une récompense à celui qui le retrouvera : les 150 francs qui sont dans ma tirelire.

Signé :
Manolito García Moreno,
le propriétaire du lapin.

Mon grand-père a dit que je ne me fasse pas trop d'illusions parce qu'il est très difficile de distinguer un lapin parmi les autres millions de lapins qu'il y a dans le monde mondial. Et ma mère a ajouté :

– Ne vous inquiétez pas, c'est un animal sauvage, il se débrouillera très bien pour vivre. Nous ne lui manquerons pas.

Je n'en étais pas aussi sûr. Comment les promenades dans le parc et les jeux de cache-cache le matin ne lui manqueraient-ils pas ?

Au bout de six jours, la télé ne m'avait toujours pas répondu (ils devaient avoir des choses plus importantes à faire), et personne n'avait de nouvelles de notre lapin. Mais je n'ai pas voulu jeter le morceau de couverture dans lequel il dormait. Peut-être reviendrait-il, qui sait ? Certains soirs, avant de me coucher, je regardais le parc, par la vitre de la véranda, dans l'espoir de voir une boule blanche gambader dans le coin. Mais rien.

Le samedi, nous fêtions un des anniversaires les plus importants. Beaucoup plus important pour mes parents que la Saint-Valentin, que l'anniversaire de leur mariage, que nos anniversaires ou que le Réveillon : nous fêtions le jour où mes parents ont acheté le camion Manolito. C'est le 11 décembre. Je te le dis pour que, tous les 11 décembre, tu te souviennes de nous, et pour que tu saches que dans une maison de Carabanchel, les dénommés García Moreno sont en train de boire à la santé d'un camion et de faire les comptes pour savoir combien il leur reste à payer.

Ce grand jour, ma mère jette l'argent par les fenêtres. Elle couvre la table de chips, d'olives farcies de Barnabé, de pistaches, de saucissons, et sort de la cuisine en portant un plat super spécial qui, avec un peu de chance, n'aura pas cramé (de toute façon, s'il a cramé, nous devons le manger sans faire de commentaires qui pourraient mettre nos vies en danger).

Ne crois pas que j'avais oublié le lapin. J'y pensais de temps en temps. Bon, sauf que ce jour-là, je ne m'en souvenais plus, mais plus du tout. Je ne suis pas inhumain, je suis sincère. On s'éclatait à remplir notre verre de Coca-Cola, on se gavait de chips, d'olives et de tout ce que nous pouvions trouver. Mon père nous avait promis de nous emmener faire un tour avec le camion pour voir les lumières de Noël du centre-ville. C'est la tradition. Et la tradition continue.

La porte de la cuisine s'est ouverte, une divine petite odeur est arrivée jusqu'à nous, et nous avons tapé avec nos couverts sur la table. Nous sommes comme ça, de vraies brutes, avec des réactions d'hommes des cavernes. Derrière la petite odeur venait ma mère avec une paella. Mon grand-père a placé un journal au centre de la table pour poser le plat. Le Bêta a crié en tenant sa cuillère en l'air :

– A l'attaque !

Mais ma mère ne nous laisse pas manger directement dans le plat, comme le font mon père et mon grand-père, parce qu'elle dit que nous ne mangeons que le riz et pas le reste, et que nous sommes des porcs et qu'après, la nappe ressemble à une auge à cochons.

Aussi, elle a commencé à nous servir chacun dans notre assiette. Le Bêta vérifiait qu'elle ne lui mette rien de rouge ou de vert ni de morceau de viande bizarre.

– Bébé ne veut pas poulet. Poulet non. Le poulet dégoûte Bébé.

– S'il ne prend pas de poulet, moi non plus je n'en veux pas.

– Mais ce n'est pas du poulet, a dit mon grand-père.

– Ne vous en faites pas, moi je peux tout finir, est intervenu mon père en desserrant sa ceinture et en se touchant le ventre, maintenant que plus rien ne m'en empêche.

– Mais ce n'est pas du poulet, a répété mon grand-père.

– Laisse tomber, papa ! s'est exclamée ma mère, en jetant un regard assassin à mon grand-père. Je leur donne juste du riz et basta !

– Super ! ont dit en chœur les deux frères, comme si nous étions des enfants bébêtes.

– Moi, ça m'est égal qu'ils le mangent ou qu'ils ne le mangent pas, ce que je veux dire c'est qu'eux n'aiment pas le poulet, et que ça, ce n'est pas du poulet…

– Très bien, tu as raison, mais change de disque si tu ne veux pas me gâcher le repas, a dit ma mère, qui commençait à s'énerver sans que l'on comprenne bien pourquoi.

– Manolo, a dit mon grand-père à mon père. Tu peux m'expliquer pourquoi ta femme me parle de cette façon ?

– Je ne sais pas, Nicolas, tu la connais mieux que moi, c'est ta fille.

– Tu vas te taire, papa !

Soudain, ma mère et mon grand-père se sont mis à crier sans que personne ne comprenne pourquoi. Ce n'est pas facile de savoir quelle tête il faut faire quand on ne sait pas de quoi il est question.

– Bébé n'aime pas le poulet.

Ça, c'est le Bêta qui l'a dit. Lui, il n'en fait qu'à sa tête, même quand c'est superévident qu'il vaut mieux rester tranquille sans rien dire et se rendre le plus invisible possible.

– Ne t'en fais pas, mon chéri, tu peux en manger autant que tu veux, ce n'est pas du poulet, c'est du lapin.

Lapin… Le mot est resté suspendu en l'air. Après que mon grand-père a prononcé le mot, il y a eu un long silence. Ces petits morceaux dans la poêle mélangés au riz, aux poivrons et aux petits pois, c'était du lapin ? Apparemment oui, et nous étions tous autour du lapin, comme le jour où mon père l'avait apporté dans sa boîte en carton, sauf que là le lapin était sans peau, cuit et en morceaux.

– Et ce lapin qui c'est ? ai-je demandé à ma mère.

– Ce lapin c'est Labin ? a demandé le Bêta.

Mon père, qui était sur le point de mettre un morceau dans sa bouche, l'a remis lentement dans la poêle.

– Je l'ai acheté à la boucherie… Je n'ai pas pensé que… Mais vous pouvez manger le riz et laisser les morceaux…

Ce que disait ma mère n'était pas très clair. D'ailleurs, plus personne ne regardait la paella avec plaisir. Pour nous, ce n'était plus que du riz avec un cadavre coupé en morceaux. C'était terrifiant.

– Il vaudrait peut-être mieux changer de menu. Qui veut des œufs frits ? a demandé mon père.

Le Bêta et mon grand-père ont levé la main et moi je

suis resté là sans rien dire, devant mon assiette, la tête baissée comme dans une veillée funèbre. Ma mère a pris la poêle et l'a emportée, mais avant de sortir du salon, elle a dit tout bas à mon grand-père :

– T'es content maintenant ?

– Je ne l'ai pas fait exprès. Je ne me souvenais même plus de ce lapin. Mais quand même Catalina, il faut le faire…

Puis, mon grand-père s'est approché tout près de ma mère et je crois l'avoir entendu demander :

– C'était Labin ?

Je n'ai pas pu entendre ce qu'a répondu ma mère. Ce que je sais c'est qu'elle est sortie de chez nous, avec la poêle à la main. Très intrigué, je l'ai suivie sans faire de bruit. Où allait-elle ? Chez Louisa. J'ai eu l'impression que ma mère lui expliquait quelque chose. Puis la réponse de Louisa, je l'ai entendue sans problème, car comme d'habitude, sa voix résonnait dans tout l'escalier :

– Je te remercie beaucoup, Catalina, mais je ne peux pas manger de ce lapin après le chagrin qu'ont eu les enfants. Comment je ferais après pour les regarder en face ?

Je suis sorti de ma cachette et j'ai vu Louisa rentrer chez elle. Ma mère était sur le palier, immobile, ne sachant pas quoi faire. Quelques instants de grand suspense se sont écoulés, puis elle a descendu les marches. Je suis rentré chez moi et je suis allé à la fenêtre pour voir où la conduisaient ses pas mystérieux. Cette femme avec une poêle à paella, qui était ma mère, a franchi le porche et s'est dirigée d'un pas décidé vers le Tropezón. Elle y est restée pendant cinq minutes interminables, puis elle est ressortie mais cette fois-ci sans la poêle.

Puis, pendant deux jours, M. Ezéchiel a servi en tapas* du riz avec du lapin. J'en ai été témoin. Je suis entré sans que personne ne me voie et j'ai vu de mes propres yeux différents clients goûter une tapa et dire :

– Mmmmmm, Ezéchiel, c'est nouveau ça !

Et j'ai entendu de mes propres oreilles ce culotté d'Ezéchiel leur dire :

– C'est ma femme, elle a un de ces dons pour la cuisine…

Je n'ai rien dit, je n'étais pas du tout fier que ce cadavre ait été cuisiné sous mon propre toit. La cuisine de l'Enfer se trouvait dans la maison des García Moreno.

Ces deux jours-là, de nombreux habitants de Carabanchel ont dégusté le lapin. Lorsqu'ils sortaient du bar, je les regardais comme des cannibales mais, évidemment, eux ne pouvaient pas savoir. Qu'est-ce qu'ils auraient fait s'ils avaient appris qu'ils étaient en train de manger le Labin au collier rouge à clochette, celui que je promenais dans mes bras, qui jouait à cache-cache et dont les yeux flottaient à dix centimètres du sol, derrière le bidet ?

Je n'ai jamais su avec certitude si le lapin de la paella était le nôtre. Mon grand-père et mon père n'ont plus

_____

* Tapas : petites rations qui sont servies dans les bars en Espagne pour accompagner les boissons.

voulu en reparler et, de temps en temps, ma mère se défendait sans qu'on lui ait rien demandé :

– Je l'ai acheté à la boucherie… Ce n'était pas le même, celui de la paella pesait trois kilos et le nôtre quatre et demi…

Je ne pourrai plus jamais manger de lapin. Et s'il m'arrive de manger des escalopes de poulet ou de veau, c'est parce que je ne connais pas personnellement le poulet ou le veau. Mon grand-père m'a dit qu'il vaut mieux penser que le lapin a couru, couru, couru et qu'il est arrivé à la campagne où il vit heureux en compagnie d'une lapine sauvage. A certains moments, je le crois ; à d'autres, lorsque je vois ma mère dans la cuisine avec son couteau de boucher, j'ai un terrible doute qui s'installe dans ma tête, entre mes deux yeux.

Une perte irréparable

– S'il te plaît, donne-moi un kleenex, c'est urgent, a dit Louisa à ma mère, qui était aussi sur le point de pleurer.

Telle une princesse de conte, Louisa a pris le kleenex du bout de ses doigts fins et délicats, puis après s'être essuyé l'œil avec une petite pointe du kleenex, elle l'a mis sur son nez. En se mouchant, elle a fait un bruit terrifiant. Je ne veux pas dire à quoi ce bruit m'a fait penser, car on m'accuse toujours de penser à la même chose, mais pour que tu te fasses une idée, le bruit a été tellement fort que mon grand-père, qui roupillait devant le feuilleton-télé avec le Bêta, a fait un bond si spectaculaire que mon pauvre frère, qui était dessus, est allé rouler par terre. Mon grand-père a mis sa main sur son cœur pour contenir ses palpitations et a dit :

– Je savais que la bouteille de gaz exploserait un jour.

– Du calme, papou, lui ai-je dit, c'est Louisa qui s'est mouchée.

– Dans ces cas-là, on prévient, a dit mon papou. Qu'est-ce que tu as dans le nez, Louisa, la sirène d'un bateau ?

Mais ni Louisa ni ma mère n'ont fait attention à lui, elles étaient bien trop occupées à contempler leur dernière œuvre d'art. Et cette œuvre d'art, c'était moi. Elles venaient de terminer un costume de petit berger pour la crèche vivante que l'Association des Voisins organisait cette année dans le parc du Pendu. C'était la troisième fois que je participais à la crèche vivante et j'étais assez content car c'était la première année que j'avais un rôle de personne. Il y a deux ans, j'avais le rôle de l'arbre, l'année dernière celui de l'agneau, et ce Noël je passais enfin à la race humaine. Comme tu peux le voir, ma carrière d'acteur a été absolument fulgurante. Depuis Harrison Ford, on n'avait jamais vu ça. En plus, mec, j'ai la vocation, ça se sent. La fois où j'ai fait l'agneau, j'étais tellement dans mon rôle qu'ils ont dû me dire d'arrêter parce qu'avec les bêlements que je poussais, on n'entendait pas ce que disaient les Rois mages. Il faut dire que je prends très à cœur tout ce qui est interprétation.

J'étais supercontent d'avoir un rôle de personne cette année. De petit berger, pour être précis. J'avais une phrase à dire avant que l'ange ne vienne nous annoncer la naissance. Imagine-toi tous les petits bergers assis par terre autour du feu, transis de froid, et moi qui m'avance pour dire :

– Il fait un temps de chien, ce soir !

Et après, je me tais pour toujours. D'accord, ce n'est pas une grande phrase, mais tu ne voudrais pas qu'ils me donnent cette année le rôle principal de saint Joseph alors que l'année dernière, j'avais celui de l'agneau.

Pour l'instant, j'étais complètement halluciné par mon costume de petit berger. Ça ne m'étonnait pas que Louisa et ma mère aient pleuré d'émotion en me voyant avec. Je l'ai gardé pendant plusieurs jours, même pour dormir, et, de temps en temps, je disais à mon grand-père :

– Grand-père, tu veux que je te joue mon personnage ?

Et mon grand-père s'asseyait sur le canapé pour mieux en profiter, et moi je m'avançais pour déclamer :

– Il fait un temps de chien, ce soir !

Mon grand-père disait que je faisais des progrès de jour en jour, et lui c'est un type objectif, il ne dit pas ce genre de choses parce qu'il est mon grand-père ou pour me faire plaisir.

Tout allait pour le mieux dans ma vie quand l'Association des Voisins a appelé ma mère pour lui demander que le Bêta refasse cette année l'Enfant Jésus. J'ai oublié de te raconter un détail important : durant ces années où je me contentais de jouer l'agneau ou l'arbuste, le Bêta, lui qui a l'air gentil (hi, hi) parce qu'il est blond, se retrouvait chaque fois en Enfant Jésus, et toutes les dames disaient à ma mère : « Il est vraiment trognon, oh là là, comme il est trognon. »Et ma mère oubliait que dans la crèche vivante, elle avait aussi un fils parmi les agneaux.

Aussi quand j'ai compris que, cette année, le Bêta allait encore faire sa star, j'ai été pris d'une attaque de rage silencieuse. Reconnais que c'est humiliant : au bout de trois ans de lutte, je parviens à décrocher un rôle de personne et, lui, superhéros depuis le début des temps. Ce n'est pas juste.

Quand elle a vu que je boudais, ma mère m'a dit :

– Ne fais pas ton jaloux, Manolito, ton frère n'a pas de beau costume comme le tien, il sera en couche, et il n'a aucune phrase à dire.

C'est sûr, mais réfléchis : pourquoi tous les gens vont voir la crèche ? Pour adorer l'Enfant. Et qu'ils adorent mon frère pendant que moi je fais le pauvre petit berger, ça me faisait mal. Ça me faisait mal à l'âme.

Pour me consoler, ma mère m'a dit de mettre mon beau costume de berger et d'aller demander des étrennes* dans les rues. Elle m'a dit aussi que les gens ne pourraient pas résister à la tentation de remplir d'argent les poches d'un petit berger comme moi, avec des lunettes et un costume si bien fait. Elle m'a dit aussi que l'argent me ferait oublier tous les mauvais moments que me fait passer mon frère, de même que l'argent à la fin du mois lui fait oublier, à elle, que mon père n'est jamais à la maison. Comme tu vois, nous, les García Moreno, sommes une famille avec de grandes valeurs humaines (surtout à Noël).

En vérité, malgré l'éternelle concurrence que me fait le Bêta depuis son arrivée dans le monde mondial, quand je me suis vu dans la glace avec mon costume de petit berger, j'ai pensé :

* Étrennes : cadeaux ou argent que l'on donne en Espagne pendant les fêtes de Noël.

— J'ai un look d'enfer.

J'ai aussi pensé : « Je suis top cool ! », mais comme je l'ai déjà pensé cet été en me voyant avec mon maillot à palmiers sauvages, et que je l'ai écrit dans le quatrième tome de la biographie de ma vie, qui paraîtra prochainement, je ne voudrais pas me répéter. Ce n'est pas pour me jeter des fleurs, mais je suis un enfant qui ne manque pas de phrases, au contraire. Comme dit mon parrain Barnabé quand il met une nouvelle perruque assortie à ses vêtements :

— Se rénover ou mourir, Manolito.

J'ai téléphoné à mes petits potes pour leur dire de venir en petits bergers, et, à dix-sept heures pile, Grandes Oreilles, Yihad, Paquito Médina, moi et Moutarde, nous étions prêts à devenir les premiers petits bergers millionnaires de l'histoire de l'humanité. Comme d'habitude, Yihad a commencé par me trouver des défauts :

— Les petits bergers ne portent pas de lunettes.

Mais mon grand-père a dit que j'étais le type même du petit berger intellectuel, un petit berger avec des études supérieures. Du coup, Yihad m'a regardé avec rancune et une certaine envie.

Ma mère m'a dit que si je perdais quoi que ce soit de mon magnifique costume (y compris les lunettes), je serais sérieusement pénalisé.

Nous étions sur le point de sortir quand mon frère s'est mis soudain à pleurer d'une façon qui, moi personnellement, m'a glacé le cœur, parce que ça ne ressemblait pas à des pleurs d'humain, mais à un hurlement

90

d'animal sauvage habitant une forêt étrange. Il avait le menton qui tremblait tellement qu'on ne comprenait rien à ce qu'il disait. Il a pointé sa tétine vers moi. Nous avons tous tendu nos oreilles vers sa bouche et nous avons entendu, au milieu des terribles hurlements, cette phrase devenue célèbre sur la planète Terre :

— Bébé veut avec Manolito.

Mince alors ! Lorsqu'il est comme ça, c'est très difficile de négocier avec lui. Je me suis souvenu du temps où il était si simple de le convaincre, quand ma mère lui disait pour que je n'aie pas à l'emmener :

— Ne pleure pas, mon amour, Manolito va rapporter à Bébé un paquet de Chamallows et de petits ours.

Le Bêta nous regardait avec méfiance, mais il finissait par céder et, très sérieux, il installait sa petite chaise à côté du porte-parapluies de l'entrée, s'asseyait et restait là absorbé par le « tut-tut » de sa tétine en attendant mon retour. Parfois, il avait l'air si malheureux en me disant au revoir que lorsque j'arrivais au parc du Pendu avec Grandes Oreilles, je n'arrivais pas à me concentrer dans les jeux.

— Manolito, t'es dans la lune !

L'image du Bêta à côté du porte-parapluies me mettait une boule dans l'estomac et je dois avouer publiquement que je courais au kiosque de M. Mariano pour acheter les Chamallows et les petits ours, et que je remontais aussitôt chez moi. Le pape devrait me faire saint avant ma mort ou on devrait m'interviewer à la télé en tant qu'enfant héroïque de l'année. Ce sont deux choses très cools quoique si on te donne le titre de saint

(saint Manolito, martyr) quand tu es enfant, tu dois le rester toute ta vie (car c'est bien pour quelque chose que tu as le titre) et ça, je te le dis tout de suite, j'aurais un peu de mal.

Mais maintenant, le Bêta n'est plus le même, on ne peut plus le convaincre avec des Chamallows ou un esquimau. Résultat, j'ai dû l'emmener avec moi demander les étrennes. Ma mère ne m'a pas laissé le choix : ou je l'emmenais ou je ne sortais pas.

– Il n'a même pas de costume de petit berger ! ai-je dit.

– Ce n'est pas grave, a répondu ma mère, il n'a qu'à mettre son costume de Superman.

Cinq petits bergers et un Superman à tétine, ça ne faisait pas sérieux, avoue.

Nous avons pensé que c'était une perte de temps de sortir comme ça dans la rue, et qu'on risquait fort qu'on se moque de nous, si bien que nous avons décidé d'aller directement chez les gens qu'on connaissait : c'était plus sûr. Nous avons commencé par la maison de Louisa. Nous sommes tombés plutôt mal : elle était avec des amies en train de regarder la vidéo d'une interview de lady Di. Elle ne nous a pas laissés chanter… *A ta porte est arrivé un groupe de petits bergers, si tu veux qu'ils te laissent en paix, donne-leur un petit billet.* Elle nous a juste dit : « Une autre fois, les enfants », et elle nous a donné un sac de biscuits au beurre avant de nous claquer la porte au nez.

Ensuite, nous sommes descendus au Tropezón, mais c'était le jour du Concours de Noël de rami (le jeu de cartes préféré de mon grand-père). M. Ezéchiel nous a dit que nous déconcentrions les joueurs et mon grand-père qui, lorsqu'il joue aux cartes ne reconnaît même plus ses petits-enfants, a dit à M. Ezéchiel de nous donner quelque chose pour que nous partions. Il nous a donné des sacs de chips périmées. Nous avons voulu accomplir notre mission de petits bergers chanteurs, mais les joueurs, les spectateurs, M. Ezéchiel, tout le monde a crié :

– Les chansons, dehors !

Dans la boulangerie de Porfiria, nous n'avons pas eu beaucoup plus de succès. Il y avait la queue et les gens étaient prêts à assassiner le premier qui passerait devant eux. Nous avons commencé à entonner notre chanson : *A ta porte est arrivé un groupe de petits bergers…* nous avons commencé à voix basse à cause de l'ambiance très tendue.

– Eh, eh ! s'est exclamé mon voisin du haut, avec leur chant de Noël ces gosses veulent en profiter pour resquiller. Madame Porfiria, je ne veux pas avoir à m'énerver…

Derrière sa caisse, madame Porfiria nous a fait un lancer de pains au chocolat. Trois au total, dont aucun n'était ranci…

– Nous sommes plus de trois, a dit Grandes Oreilles devant l'entrée.

– Filez avant que je regrette et que je vous les fasse payer.

Grandes Oreilles, qui est cinglé, a voulu continuer à discuter, mais Yihad l'a attrapé par la capuche de sa doudoune et lui a dit :

– Tais-toi, Grandes'O, mieux vaut encore un pain au chocolat que deux tu l'auras. Ne me force pas à m'énerver, ou tu vas te retrouver sans rien.

A la quincaillerie, ils nous ont offert des vis. Les quincailliers nous ont expliqué qu'avant, dans l'ancien temps, les enfants se battaient pour une misérable bricole et que nous, les enfants d'aujourd'hui, nous étions des petits gâtés de la société, jamais contents de rien, et toujours à réclamer davantage. Quelle ambiance de Noël dans mon quartier ! ! On se serait cru dans un film américain.

Après nous avoir insultés, ils nous ont dit :

– Maintenant, on vous écoute.

La tête baissée, nous repentant d'appartenir à ce monde, nous avons entonné notre chanson ·

A ta porte est arrivé
un groupe de petits bergers,
si tu veux qu'ils te laissent en paix,
donne-leur un petit billet…

Puis nous avons été à la mercerie, à la rôtisserie, à la boucherie… On ne nous a pas donné d'argent parce qu'avant nous étaient déjà passés, pour les étrennes, les éboueurs, les pompiers et ceux de la poste. Nous sommes arrivés chez moi avec un butin très étrange : des ampoules fondues, les vis, les chips, les trois pains au chocolat de Porfiria, quelques fermetures Éclair de la mercerie et douze francs. Nous n'avions pas gagné autant que nous l'espérions, mais on ne s'était pas tués à chanter non plus. Il faut toujours voir le côté positif. Est-ce que c'est positif de se dire que les habitants de

mon quartier sont superdésagréables ? Non, il faut se dire que lorsqu'un Carabanchélois est en train de dépenser l'argent de toute une année pour passer le meilleur Noël de sa vie, il n'aime pas que des petits bergers viennent le déranger. C'est compréhensible. Si tu nous avais entendus chanter, tu ne nous aurais pas donné un centime non plus, ou peut-être que tu nous l'aurais donné pour qu'on se taise, comme fait mon grand-père à chaque fois qu'il croise un type qui joue de la flûte dans la rue.

Ma mère nous a ouvert la porte avec un grand sourire. Nous avons commencé à lui chanter notre chanson :

A ta porte est arrivé
un groupe de petits bergers...

– C'est bon, ne vous fatiguez pas, je la connais.

Et elle est partie à la cuisine :

– Je suis en train de vous faire du chocolat, a-t-elle ajouté.

Quelquefois dans la vie (rarement), ma mère est géniale. Elle est arrivée avec une casserole fumante d'où sortait une odeur qui nous a complètement hypnotisés. Nous avons suivi la casserole (et ma mère) jusqu'au salon. Les tasses étaient déjà sur la table, attendant que soit versée en elles la merveilleuse potion. Et, à côté, des beignets. Mmmmmmmmmm !

Elle nous a regardés de haut en bas : nous n'avions pas du tout abîmé nos costumes et ma mère adore que les costumes ne soient pas abîmés. Nous avons tous accroché notre serviette autour du cou.

Ma mère s'est assise sur le canapé pour admirer ses cinq petits bergers et son Superman en train de dévorer le chocolat et les beignets. Ses cinq petits bergers et son Superman... Son Superman ?

– Manolito, je t'avais pourtant bien dit de ne rien perdre !

– Mais maman, je n'ai rien perdu. Je me suis regardé : mon costume était nickel.

– Tu es sûr ? a hurlé ma mère avec des yeux terribles, sortis de leur orbite.

Je me suis repassé en revue, mort de peur : mon gilet d'agneau, ma gibecière, mon béret...

– Qu'est-ce qu'il manque ?

– Manolito, tu as perdu ton frère.

Mon Dieu, le Bêta n'était pas avec nous !

Ne rate pas le prochain chapitre : de nombreuses personnes qui le connaissent déjà affirment qu'il est...
TERRIFIANT.

AVIS DE RECHERCHE

Nicolas García Moreno
« Le Bêta »

AᴠIS DE RECHERCHE

Résumé de nos malheurs : nous étions sûrs de vider les poches des Carabanchélois, manque de pot, ils se sont révélés être plutôt radins. Nos étrennes étaient misérables, et en plus, le pire de tout, nous avions perdu le Bêta en cours de route.

Lorsque ma mère s'est aperçue que nous étions rentrés sans le Bêta, elle s'est pris la tête entre les mains, telle une folle de film (genre celles qui finissent par jeter les tableaux par terre et incendier les maisons), puis, totalement possédée, elle a enlevé ses mains de la tête, laissant ses cheveux tout décoiffés. Ses mains se sont alors tournées vers moi, et pendant un moment, j'ai cru qu'elles allaient m'attraper par le cou et m'étrangler. Tu aurais été à ma place, tu aurais cru la même chose. Voilà ma vie de famille. Aussi, quand je vois un de ces films d'horreur, tu veux que je te dise, ça ne me fait aucun effet. La terreur, je la vis au quotidien, chez moi.

Bon, je dois ajouter, pour respecter la vérité, que ma terrible mère s'est contentée de me flanquer une tape classique et de remettre à plus tard l'étranglement de ses propres mains. Faire ça à Noël, ça aurait été moche, elle qui aime tant les fêtes de Noël.

Où était le Bêta ? C'est ce que je me demandais, c'est ce que se demandaient mes amis et c'est ce que tu te demandes. Ma mère nous a demandé :

– On peut savoir à quel moment vous l'avez perdu, bande d'idiots ?

Non, on ne pouvait pas savoir, tout simplement parce qu'aucun de nous ne s'était souvenu de lui pendant tout ce temps-là. Ma mère m'a crié :

– Ça m'apprendra à te faire confiance !

Et moi, j'ai pensé : « Ça t'apprendra à m'obliger à l'emmener. »

Oui, j'ai pensé ça, je sais que je suis une canaille, ce n'est pas la peine que tu me le rabâches.

Ma mère a mis son manteau et nous avons descendu en courant les escaliers, elle et ses cinq petits bergers (les idiots : Grandes Oreilles, Yihad, Paquito Médina, moi et Moutarde). Nous devions retourner dans tous les endroits où nous avions été.

Nous sommes d'abord allés au Tropezón. La finale de la Coupe de Noël de rami venait de se terminer. Mon grand-père avait gagné et ses amis le portaient sur leurs épaules d'un bout à l'autre du bar. Mon grand-père a crié d'en haut :

– Tournée générale, c'est le vainqueur qui vous invite !

Sur le seuil de la porte, ma mère le regardait avec une expression de haine sur le visage.

– Encore un idiot, murmura-t-elle, et celui-ci fait aussi partie de ma famille.

J'ai essayé de lui dire de venir nous aider dans notre recherche désespérée, mais mon grand-père ne se rendait compte de rien.

– Papa ! a crié ma mère, nous avons perdu le bébé !

Mon grand-père l'a saluée d'en haut en levant son verre de vin.

– On s'en va, les enfants, ici nous perdons notre temps, a dit ma mère.

Nous étions en train de partir lorsque soudain, nous avons entendu un choc, suivi d'un cri de douleur. Le bruit, c'était le ventilateur et le cri, mon grand-père. Ceux qui le portaient avaient sauté un peu trop haut et il s'était cogné la tête contre le ventilateur du plafond. Ma mère a dit en contenant sa colère :

– C'est bien fait pour lui.

Refaisant notre parcours, nous sommes partis vers l'épicerie de Porfiria. Quand elle nous a vus entrer, Porfiria nous a dit :

– Encore vous ? Vous n'en avez pas eu assez ?

Ma mère lui a répondu :

– Ce n'est pas avec ce que tu leur as donné que tu vas te ruiner.

Elles se sont regardées avec une tension maximale dans les yeux, mais ma mère a sorti un mouchoir pour s'essuyer une larme sur le point de tomber.

– Ils ont perdu mon petit.

Porfiria nous a regardés comme si nous étions des assassins, et elle a complètement oublié les haines du passé avec ma mère. Elle a mis son manteau, a descendu le rideau de fer et est venue avec nous.

Nous sommes arrivés, les cinq idiots, ma mère et Porfiria, à la quincaillerie. Ma mère a demandé au quincaillier :

– Vous n'auriez pas vu mon petit par ici ? Il était habillé en Superman. C'est eux qui me l'ont perdu. Jamais je ne pourrais oublier cette terrible précision.

Le quincaillier a commencé à nous tenir la jambe :

– Ah non, cela dit ça ne m'étonne pas qu'ils l'aient perdu, parce qu'aujourd'hui, les enfants perdent tout, ils sont chouchoutés par la société. Ils perdent tout parce qu'ils ne connaissent pas la valeur des choses. Pourquoi ils ne connaissent pas la valeur des choses ?

Les autres quincailliers ont fait une tête de PLMI (pas la moindre idée).

– Ils ne connaissent pas la valeur des choses parce qu'ils ont tout. Quand j'étais gosse, une simple boîte de carton me servait de jouet, et avec un boulon...

– C'est à vous qu'il manque un boulon ! s'est exclamée Porfiria. Vous croyez que c'est le moment de nous prendre la tête ?

– Vous l'avez vu ou vous ne l'avez pas vu ? avons-nous demandé.

– Non...

– Eh bien, allez vous faire...

Et j'ai pensé : voir, car ça m'a toujours angoissé les phrases qui ne se terminent pas.

Nous sommes sortis de la quincaillerie. Moi j'aurais eu envie de disparaître sous la terre : j'imaginais le

Bêta avec sa cagoule, sa tétine et sa cape de Superman par-dessus son manteau, seul dans un terrain vague et m'appelant à tue-tête :

— Manolitoooooooooooo ! Bébé veut avec Manolitooooooooo !

Je m'imaginais déjà les Noël sans le Bêta, sans ses mises en scène d'étouffements mortels avec le turrón*, sans le voir ramper sous le meuble-bar lorsque mon parrain Barnabé débouche la bouteille de cidre, sans le bruit de son tambourin, ce tambourin dont il joue du lever au coucher (à Noël, il dort avec le tambourin), sans ses chants de Noël baveux que jamais personne n'arrive à comprendre, car il ne veut jamais enlever sa tétine pour les chanter, sans plus le voir avec mon grand-père devant la télé en train de se taper toute la retransmission de la Loterie de l'Enfant*. Il est persuadé que la Loterie de l'Enfant se fait en son honneur, il ne comprend pas qu'il y ait d'autres enfants à part lui dans le monde.

Noël sans le Bêta… Pouvais-je l'imaginer après ces quatre années où il m'avait bassiné, depuis qu'il était minuscule et ne savait faire que pleurer à te détruire les tympans jusqu'au moment historique où il avait appris cette phrase que connaît maintenant la moitié de l'humanité : « Bébé veut avec Manolito » ? Est-ce que Noël aurait un sens ? Je me posais toutes ces ques-

---

* Turrón : sorte de nougat qui se mange en Espagne pendant les fêtes de Noël.
* Lotería del Niño : Loterie spéciale qui a lieu tous les 5 janvier, veille de l'Épiphanie) en Espagne.

tions derrière la troupe qui s'agrandissait au fur et à mesure : les cinq idiots, ma mère, Porfiria, M. Mariano, le chinois du Ching-Chong... Non, sans le Bêta, il ne pourrait plus y avoir de Noël, je disparaîtrais de la planète Terre. J'ai sorti un kleenex de ma gibecière car j'avais plein de larmes sur mes lunettes.

Toutes les recherches sont restées vaines : à la mercerie, à la rôtisserie, chez l'électricien... Personne n'avait vu Supertétine.

Nous avons remonté les escaliers de la maison, totalement découragés. Ma mère allait téléphoner à la police, à *Perdu de vue*, lancer un appel à la Radio Nationale.

Soudain, en arrivant au deuxième étage, devant le palier de Louisa, nous avons reconnu une voix familière qui chantait dans une langue étrange : *Mon beau sapin, roi des forêts...* Ma mère a appuyé sur la sonnette sans décoller le doigt jusqu'à ce que la porte s'ouvre. Louisa est apparue, mais elle n'a pas fait trop attention à nous car elle était prise d'un fou rire et s'essuyait les larmes avec la main. Jamais de ma vie je n'oublierai ce qu'ont vu mes lunettes : le Bêta était debout sur la table du salon, il s'était mis sa cape de Superman autour de la tête, comme un Arabe, et tapait sur son tambourin en chantant avec sa tétine dans la bouche, tandis que toutes les dames applaudissaient autour de lui, éblouies par ce grand artiste de la chanson.

Ni le chanteur ni les spectatrices ne semblaient nous avoir remarqués. Ma mère a ouvert les yeux, a ouvert la bouche et a ouvert les trous de son nez. En résumé :

tous les orifices de son visage se sont ouverts, et elle est restée dans cet état plusieurs secondes. A la fin, elle a avalé sa salive et est parvenue à articuler quelques mots d'une voix étrange et très douce :

– Depuis quand il est là ?

– Eh bien, depuis que les enfants sont venus demander les étrennes. Mon fripounet – en disant « mon fripounet », Louisa a pris le Bêta dans ses bras – s'est vautré sur le canapé et il est resté avec nous. Il a mangé un plateau de turrón et a regardé en entier l'interview de lady Di. Il nous a dit qu'il comprenait l'anglais

Toutes les dames ont souri d'un air ridicule et ont dit en chœur :

– Qu'est-ce qu'il est miiiiiignon !

M. Mariano, Porfiria et le monsieur chinois sont partis, se réjouissant de la fin heureuse de cette histoire. Mais les cinq petits bergers et ma mère, nous avions du mal à réagir, nous étions paralysés.

– Mais, venez, entrez, a dit Louisa, vous êtes en train de faire partir toute la chaleur.

Nous sommes entrés lentement. Ma mère s'est assise et a dit avec la même voix étrange et douce :

– Louisa, je prendrais bien quelque chose pour me réchauffer…

– Un café au lait ?

– Plutôt un verre de cognac, si ça ne te dérange pas.

Pour la première fois de ma vie, j'ai vu ma mère prendre un verre de cognac et l'avaler d'un trait, tandis que nous la regardions tous en silence. Ses yeux sont devenus blancs. Elle a mis sa main sur son cœur puis s'est fait de l'air devant la bouche avec la main, comme si c'était un éventail. Elle a regardé tout autour et a brisé le silence de mort en disant :

– Alors les filles, maintenant que vous avez vu l'interview, vous êtes du côté de lady Di ou du prince Charles ?

Les amies de Louisa se sont mises aussitôt à discuter de lady Di et du prince comme si elles les connaissaient depuis toujours, et que si lady Di allait maintenant vivre peinarde sans devoir supporter cette belle-mère qui, selon Louisa, était la copie conforme de la sienne et avait certainement le même caractère de cochon. Elles ont parlé aussi des oreilles du prince qui, selon Louisa, avaient sûrement subi une opération de rapetissement, car elle avait remarqué qu'il avait l'oreille gauche plus petite que la droite. Ce sujet a beaucoup intéressé Grandes Oreilles (pour des raisons que tu peux imaginer) et il a demandé s'ils t'opéraient d'abord d'une oreille, puis de l'autre la semaine d'après, mais elles n'ont pas pu lui donner de réponse satisfaisante et il est resté pensif tout l'après-midi.

Pendant que les dames s'empiffraient de turrón et traitaient de tous les noms la famille royale d'Angleterre, ma mère a fait quelque chose de totalement inattendu : au lieu de prendre dans ses bras son petit chouchou, le Bêta, comme elle fait chaque fois qu'elle parle avec ses amies, elle m'a pris moi, et, tout en me donnant des bisous qui puaient le turrón et le cognac, elle m'a dit à l'oreille :

– Un jour, Manolito, cette crevette que tu vois là va nous rendre fous.

J'ai regardé le Bêta, il s'était assis sur le canapé à côté de Yihad, qui mangeait un des pains au chocolat. Il avait mis sa main sur l'épaule de Yihad et de temps en temps, il donnait un coup de dent inattendu dans le pain au chocolat de mon ennemi. Ce qui faisait beaucoup rire Yihad. Il y a des moments dans la vie où tout va à l'envers : c'est moi qui étais dans les bras comme un bébé et c'est le Bêta qui se moquait du type le plus dangereux de mon école.

Pour une fois, je me suis dit que ma mère avait raison, le Bêta finirait par nous rendre fous... Elle avait toute la raison du monde mondial.

JE NE VEUX MÊME PAS M'EN SOUVENIR

Dans cette histoire apparaît mon père, et je dois dire qu'il n'apparaît pas sous un jour très favorable. Alors pourquoi je la raconte ? Parce que je sais que toi aussi, tu as certainement vécu cette terrible expérience de voir ton père, ce grand homme, ton héros, faire le clown en public. Je commencerai, une fois de plus, par le début des temps.

La veille du défilé des Rois mages* à Carabanchel, moi et le Bêta nous nous sommes mis à sauter sur mon père pour le convaincre de nous emmener au défilé. Ce n'est pas que nous ne voulons pas y aller avec mon grand-père, mais la seule chose qui l'intéresse dans le défilé ce sont les majorettes ou, comme il dit, les filles au petit bâton. Il se met à côté d'elles et il nous oblige à les suivre pendant tout le trajet. Et nous on lui demande, très inquiets :

---

* En Espagne, le 5 janvier, jour de l'Épiphanie, les Rois Mages défilent dans toutes les villes et villages, accompagnés de musiciens, de carrosses, de danseurs. Ce sont eux, et non le Père Noël, qui apportent les cadeaux aux enfants la nuit du 5 au 6 janvier.

– Grand-père, pourquoi on ne reste pas là tranquillement à attendre les Rois ?

Mais lorsque mon grand-père, qui est toujours si bon avec nous, voit les filles en mini-jupe envoyer leur bâton tournoyer en l'air, il nous dit :

– Ne faites pas de caprice, qu'est-ce que ça peut vous faire ? Le reste n'a aucun intérêt, vous ne pouvez pas pour une fois faire plaisir à votre grand-père ?

Aussi, depuis que j'ai l'usage de la raison, la seule chose que j'ai vue du défilé des Rois ce sont des jambes et des jambes de majorettes, et mon grand-père qui marche derrière elles, hypnotisé, et nous derrière lui car, en plus de ça, si nous perdons le grand-père, ma mère nous passe un savon mortel, et qu'est-ce que tu veux que je te dise, les filles c'est très bien d'accord, mais moi, en tant qu'enfant, j'aime bien aussi les Rois avec leur fausse barbe qui jettent des bonbons contre les crânes des enfants et les enfants qui se tapent dessus pour attraper ces bonbons qui viennent d'Orient, d'une usine qui s'appelle Bonbons Paco.

Tu comprendras donc que si nous sautions sur mon père pour qu'il nous emmène, lui, ce n'était pas par caprice, mais pour être comme ces autres enfants qui admirent, émus, tous les chars du défilé. Mais mon père nous a répondu avec un sourire mystérieux :

– Je ne pourrai pas vous emmener car j'ai des choses à faire.

– Mais demain tu ne vas pas travailler ! ai-je dit tandis que le Bêta tirait rageusement sur les poils de son nombril (il faut dire que mon père a le ventre plein de poils, je ne sais pas si je te l'ai déjà dit).

– Aïe, mais il me fait mal cet enfant ! et il nous a mis tous les deux par terre. Il ne me manquait plus que ça, avoir l'après-midi de libre et devoir aller au défilé. Ta mère n'a qu'à vous y emmener.

– C'est facile à dire ça, « ta mère n'a qu'à vous y emmener », comme si je n'avais rien d'autre à faire. Ton grand-père n'a qu'à vous y emmener, a dit ma mère.

– Ne vous en faites pas, mes petits, voici votre grand-père prêt à se sacrifier et à vous emmener aux premières loges, a déclaré mon grand-père avec un sourire rêveur (tu peux t'imaginer à quoi il rêvait).

Encore un défilé avec le grand-père. C'est une vraie malédiction.

Mais cette année, nous n'y sommes pas allés tout seuls. Nous avons rejoint le grand-père de Yihad, Yihad lui-même et Grandes Oreilles. Les grands-pères ont pris un cognac avant d'y aller car mon grand-père a dit que les grandes personnes ne doivent pas s'exposer au défilé sans avoir, au préalable, quelque chose de chaud dans le corps. Il a ajouté que c'était le docteur qui le lui avait prescrit, en cachette de ma mère ; et il nous a demandé de ne pas lui dire car ma mère n'aime pas que mon grand-père, ou qui que ce soit, aille chez le docteur en cachette. C'est horrible comme elle veut tout contrôler.

Nous sommes partis en direction du parc du Pendu car le défilé passait par là. J'étais de mauvaise humeur.

Je pensais à mon grand-père qui, dès qu'il verrait les filles au petit bâton, entamerait sa traditionnelle course de Noël et moi de rater les Rois mages une année de plus.

Pour empirer encore plus les choses, le Bêta restait tout le temps en arrière à ramasser des trucs par terre pour les mettre dans sa poche, ou pire, si tu ne faisais pas attention, pour les mettre dans sa bouche. C'est un enfant sans scrupules. Grandes Oreilles, toujours aussi étourdi, restait hébété devant n'importe quel réverbère ; c'est un grand observateur de choses qui n'ont aucun intérêt. Les grands-pères s'arrêtaient toutes les cinq minutes pour dire bonjour à des gens qui n'avaient, eux non plus, aucun intérêt. Et Yihad partait devant nous en courant et ne revenait que pour me faire un croche-pied.

Quel groupe. C'était tout le contraire d'un groupe de personnes normales. Le plus normal c'était moi, ça te donne une idée du reste.

Le moment est arrivé : les majorettes ont ouvert le défilé. Mon grand-père a sorti un peigne de sa poche, a fait chac chac, deux coups en arrière, et après s'être coiffé, a remis son dentier en place et il a commencé à suivre la musique avec la tête et les mains, comme s'il dirigeait un orchestre. Ses pieds s'avançaient derrière les filles, mais le grand-père de Yihad l'a attrapé par l'écharpe et lui a dit :

– Nicolas, non, pas cette année.

Mon grand-père est resté sur place, voyant s'éloigner ses filles bien-aimées avec une immense nostalgie. Et bientôt nous n'avons aperçu que les petits bâtons qui, de temps en temps, s'élevaient en l'air, au-dessus de toutes les têtes.

Mais je n'étais pas d'humeur à m'apitoyer sur mon grand-père car, derrière les majorettes, montés sur de gigantesques chevaux, arrivaient les Rois mages, les vrais, ceux qui avaient traversé la moitié du monde pour arriver jusqu'à Carabanchel. Ils nous ont lancé des bonbons Paco d'Orient. L'un d'eux est arrivé directement sur mes lunettes. Il a failli les casser mais bon, quelle importance. C'était super cool. Pas de doute, c'était un signe. Le signe qu'ils avaient reçu ma lettre et qu'ils étaient prêts à m'apporter les vingt-cinq choses que j'avais demandées et pas comme les autres années où sur les vingt-cinq que j'avais demandées, ils en avaient oublié vingt. Le coup du bonbon revenait à dire : « Tu auras tout ce que tu as demandé, Manolito, car nous t'aimons bien, tu es un type sympa ».

Le Bêta a commencé à me tirer par la capuche pour que je me baisse et il m'a dit en me montrant avec sa tétine :

— Ils font caca.

Il faisait allusion aux chevaux. Il est comme ça, il est capable de te gâcher le moment le plus émouvant de ta vie avec ce genre de remarques.

Mais qu'avais-je à faire des cacas et du monde si je venais de connaître en personne Balthazar, mon roi noir. Soudain, les gens se sont mis à rire. Ils ne se moquaient pas des Rois, c'est que derrière leurs majestés venait une bande de Romains avec leurs lances.

113

Moi aussi je me suis mis à rire : je n'avais encore jamais vu de romains pareils. C'étaient des Romains à moitié chauves, des Romains avec une banane, des Romains avec des lunettes, des Romains avec un gros ventre… De temps en temps, ils sortaient une flasque de leur banane et ils avalaient une rasade, et ils offraient au public une gourde et les gens buvaient et les applaudissaient. Il y en avait un paquet, et le plus drôle, c'était qu'à mesure qu'ils s'approchaient, tu les reconnaissais tous : M. Ezéchiel (le patron du Tropezón), M. Mariano (le mec du kiosque à bonbons)… il y avait même un Romain chinois, le patron du Ching-Chong. Yihad, Grandes Oreilles et moi, on avait mal au ventre tellement on rigolait. C'est clair qu'ils avaient réussi à faire passer les Rois mages au second plan. Il m'a semblé apercevoir parmi eux mon parrain Barnabé. Je n'étais pas très sûr à cause du casque et parce qu'ils marchaient tous bras dessus, bras dessous, serrés les uns contre les autres. Quelqu'un a crié :

– Barnabé, les Romains n'avaient pas encore inventé la perruque !

Mon parrain, qui ne se prend pas la tête (ni les cheveux), a salué avec sa perruque comme si c'était un chapeau. Puis…, je n'arrivais pas à y croire, est apparu le père de Grandes Oreilles ! parlant bien sûr avec son inséparable téléphone portable. Grandes Oreilles est resté pétrifié. Je m'avançais déjà pour lui présenter toutes mes condoléances et lui dire : « Ton père, c'est vraiment la honte. Je partage ta douleur, Grandes'O. »

J'étais prêt à lui dire sincèrement car je suis un type

toujours solidaire avec ses amis quand ils traversent une mauvaise passe. Mais avant que ces mots puissent sortir de ma bouche, mes propres lunettes ont reconnu Manolo García, mon propre père, mon héros jusqu'à ce moment de l'histoire du monde. Yihad a lancé un éclat de rire assassin et m'a dit :

– Manolito, si j'étais à ta place, je me cacherais dans ma veste.

Mais il a dû ravaler ses paroles, car dans la troisième file de Romains, il y avait un gars avec une tête à manger les lions tout crus, et c'était… le père de Yihad !

Nos pères, les seuls que nous ayons, bras dessus, bras dessous, montrant leurs pattes poilues, et levant les doigts en signe de victoire pour saluer les gens. Quelle honte ! Je me suis collé le plus possible les lunettes pour m'assurer de cette horrible vision. Ce Romain au ventre bedonnant sur une banane était-il le véritable Manolo García, celui qui conduisait le camion Manolito, celui-là même qui était sur une photo au-dessus de la télé à côté d'une femme habillée en mariée et qui était ma propre mère ?

Nous avons remonté le col de nos vestes et nous nous sommes retirés discrètement, en essayant de passer inaperçus. Quel dommage de ne pas avoir sous la main une paire de lunettes noires. Oscar Mayer, un camarade, nous a crié :

– Mon père ne fait pas partie du défilé car il dit qu'il n'aime pas être ridicule.

Mieux valait s'éloigner. Nous sommes partis en essayant d'oublier la honte que nous ressentions.

Bon, il y a des choses pires, comme le jour où le père de Jessica s'est déguisé en clown pour un anniversaire, ou le jour où le père de Susana a imité Julio Iglesias lors d'un concours de l'Association des Voisins.

Ce n'est que lorsque le défilé s'est terminé que nous nous sommes sentis soulagés, sauf qu'après ç'a été encore pire : les Romains sont allés au Tropezón et ont commencé à boire et à chanter à tue-tête. La dernière scène que j'ai vue de ce spectacle, que je veux effacer de ma mémoire, ç'a été mon père en train de danser la valse-musette avec le père de Yihad.

– On devrait peut-être aller dormir, a dit Yihad, qui pour la première fois de sa vie était rouge jusqu'aux oreilles.

En arrivant chez nous, ma mère a demandé avec un grand sourire :

– Vous avez vu papa ?

Je n'ai rien répondu. Le Bêta, lui, a résumé en quelques mots les événements les plus importants :

– Ils faisaient caca.

Il faisait allusion aux chevaux. Comme mon père ne revenait pas, nous nous sommes mis à table, puis comme il n'était toujours pas revenu, nous sommes partis nous coucher. Seule ma mère est restée debout, à l'attendre. Très tard, enfin, on a entendu le bruit de ses clefs. J'ai entendu mon père qui disait tout doucement :

– Je suis un petit peu en retard…

Et ma mère a répondu :

– C'est la dernière année que tu participes au défilé.

116

Je n'ai plus rien entendu et je me suis endormi tranquillement, car le seul déguisement que j'aime chez mon père, c'est celui qu'il porte tout le temps : celui de camionneur.

Ah, sur les vingt-cinq cadeaux, les Rois mages en ont oublié vingt, comme d'habitude. Mais je m'en fiche. Parce qu'ils se sont enfin rappelé que le bonheur de ma vie c'était la console vidéo. La troisième fois a été la bonne, les deux années précédentes, je leur avais mis la même chose, mais ils devaient me confondre avec un autre, ou ils étaient vexés que je ne vienne jamais les voir. A ce qu'il paraît, cette année, ils m'ont remercié de ne pas avoir suivi les filles au petit bâton. Ce bonbon mortel dans les lunettes avait été leur grand message, celui qui ne comprend pas ça, c'est qu'il ne le veut pas, c'est clair.

Les Rois ont apporté à mon père un tabouret pour le meuble-bar, identique à ceux du Tropezón, mais il n'a pas pu l'essayer car il a passé toute la journée allongé sur le canapé, buvant de l'eau de seltz que ma mère lui apportait pour son mal de tête.

– Ne t'inquiète pas, Manolito, m'a dit ma mère avec un drôle de sourire, ce Romain ne retournera plus à la guerre.

Et entendant cette promesse, je me suis senti supersoulagé.

Le briseur de grève

Je comprends qu'il ne soit pas facile de croire ce qui m'est arrivé cette semaine où j'ai bien failli mourir, aussi mieux vaut que je ne te le raconte pas, sinon tu vas dire que je suis un mec qui exagère et que tout ce qui sort de ma bouche n'est que mensonges et on ne te la fait pas à toi. Évidemment, si je ne te le raconte pas, tu vas penser que dans la vie, je me la joue enfant intéressant et mystérieux. Bon, je vais te le raconter en long, en large et en travers, pour que tu voies que c'est vrai, car c'est impossible d'inventer un mensonge aussi gros.

Et puisque je te le raconte, autant le faire depuis le début des temps.

Voilà : un lundi, il n'y a pas très longtemps, je suis resté hypnotisé devant un verre de lait avec du Nesquik. Tu ne vas pas me croire mais après chaque gorgée, il y avait plus de lait dans le verre. Ce genre de phénomènes paranormaux s'observent fréquemment à Carabanchel. Des parapsychologues du monde entier ont assisté aux petits déjeuners de centaines d'enfants carabanchélois et sont arrivés à la conclusion suivante :

« En effet, nous devons admettre devant l'opinion publique mondiale que ce fait extraordinaire se manifeste dans certaines maisons de cet étrange quartier appelé Carabanchel. Le plus curieux, c'est qu'il se produit dans les verres des enfants qui n'aiment pas le lait. Serait-ce là un châtiment d'un ordre surnaturel ? »

Dans le même temps, ils ont observé certains vieux du troisième et du quatrième âges, parmi lesquels mon grand-père. Aux vieux aussi, il leur arrivait des phénomènes étranges avec le lait, que les parapsychologues ont décrits ainsi dans leur document mondial :

« Quelques personnes âgées de cette zone paranormale renversent presque tous les jours le verre de lait que leur sert leur fille au petit déjeuner. Est-ce un problème de tremblement ? nous sommes-nous demandé. Non, car selon leur propre fille, ils ne renversent jamais un verre de vin. Le fait est que c'est un quartier encore plus étrange que le Triangle des Bermudes. »

Les scientifiques ont raison, lorsque le lait est dans mon verre, il augmente, c'est sans doute parce que je suis un de ces enfants qui n'aiment pas le lait. Ma mère dit que c'est tant pis pour moi, que lorsque je serai grand, je serai comme mon père : un Manolo genre porte-clés ou un Manolo de poche.

J'ai commencé cette histoire au moment où j'étais resté scotché devant le verre et ma mère est passée à côté de moi en disant :

– Manolito, réveille-toi, t'as la boule à Istanboul.

Cette phrase aurait dû être accompagnée de la tape qui va avec, seule chose à laquelle je fasse attention car, autrement, les bons mots ne me font aucun effet, mais ma mère est restée avec la main paralysée dans l'air et a prononcé la phrase magique :

– Cet enfant a des plaquettes.

Lorsque ma mère dit « cet enfant a des plaquettes », c'est que mes joues deviennent rouges, que je suis sur le point de mourir et cela veut dire aussi des « choses merveilleuses » :

1. Minimum trois jours sans aller à l'école.

2. Je peux appeler ma mère de mon lit, toutes les trois minutes, pour qu'elle m'apporte un jus de fruit, une BD, ou juste pour la déranger.

3. Le Bêta n'est pas autorisé à m'embrasser pour que je ne lui refile pas ma grippe, et ça c'est un vrai soulagement car, dernièrement, il s'est mis à m'aimer comme un fou et il me couvre le visage de bave à cause de ce vice que nous n'arrivons pas à lui enlever : la tétine.

Enfin bref, le docteur Morales est arrivé chez nous et ma mère en a profité, comme d'habitude, pour me traiter de tous les noms :

– Comment voulez-vous qu'il ne soit pas malade, il ne veut jamais manger d'oranges, et il n'a plus de défenses vitaminiques car c'est un enfant à terrain favorable. Depuis qu'il est né, c'est un enfant à terrain favorable.

Alors, pour faire taire ma mère, le docteur Morales m'a prescrit des sachets répugnants, qui non seulement sont à gerber mais te remettent sur pieds en deux jours, et il s'en est allé écouter d'autres mères avec d'autres enfants à terrain favorable.

Le mardi, alors que j'avais encore un pied sur terre et l'autre déjà dans le ciel céleste, là où les enfants rejoignent les anges, ma mère s'est comportée comme une de ces mères dans les films, même qu'elle paraissait blonde (visions produites par la fièvre) : elle me faisait des bisous, me touchait le front, me pressait des jus de fruits et ne me grondait pas quand je buvais comme un goret.

Mais le mercredi, j'ai eu le malheur d'aller un peu mieux, et moi qui devrais être un expert dans ces développements grippaux et savoir que le meilleur truc pour qu'on te laisse passer toute une semaine à la maison c'est de n'embêter personne, j'ai dépassé un peu les bornes (je ne peux pas m'en empêcher) : je lui ai demandé qu'elle m'allume la télé dès le matin et qu'elle me rapporte un pain au chocolat de la boulangerie, et j'ai commencé à sauter sur le lit pour que le Bêta soit éjecté vers le plafond. Mais qu'il soit bien clair que je le fais pour lui, c'est son nouveau jeu préféré : le Bêta s'assoit sur le lit avec sa tétine, je prends mon élan du salon et je saute de toutes mes forces sur le matelas. Le Bêta décolle dans les airs et éclate de rire à en perdre sa tétine. C'est un enfant amoureux du risque. Une fois, j'ai sauté tellement fort qu'il est parti en dehors du matelas. Encore heureux que mon grand-père passait par là et qu'il l'a rattrapé au vol. Il a presque fallu lui faire du bouche-à-bouche car ses rires

121

l'empêchaient de reprendre sa respiration. Lui voulait refaire le jeu, mais mon grand-père nous a dit qu'il n'avait ni le cœur ni les biceps préparés à ce genre d'émotion.

Toutes ces distractions ont fait que ma mère a cessé d'être une mère de film et est redevenue comme n'importe quelle mère de Carabanchel. Ça ne plaît pas aux mères de mon quartier de voir un enfant malade s'amuser malgré sa terrible maladie. C'est comme ça depuis que mon quartier existe. Ma mère m'a lancé une de ses menaces mortelles :

— Si ça continue, tu vas retourner très vite à l'école, Manolito, tu commences à me pomper l'air.

Elle ne supporte pas nos rires hystériques, ni que je l'appelle à tout bout de champ, mais moi, une fois que je suis dans mon lit, je suis tenté de l'appeler à tout bout de champ :

— J'ai terminé ma bande dessinée ! Il y a plein de buée sur mes lunettes ! Gratte-moi le dos ! Je ne pourrais pas avoir un Coca-Cola à la place du jus de fruit ?

Je lui ai aussi demandé qu'elle me ramène le Bêta, mais cette fois pour jouer au rami, c'est mon grand-père qui m'a appris. Plus tard, je l'ai appelée pour qu'elle emmène le Bêta, car le Bêta est encore analphabète ; après avoir passé cinq heures à lui expliquer comment on jouait, il s'est mis à faire n'importe quoi et à inventer d'autres règles, mais après, chaque fois qu'il perdait, il se mettait automatiquement à pleurer.

Yihad et Grandes Oreilles sont passés me voir dans l'après-midi. Ils se sont vantés de s'être éclatés à la récré en jouant à la peste bubonique ; après, ils ont été pliés de rire en me racontant que Yihad s'était baissé pour ramasser un crayon et qu'il avait vu la culotte de m'dame Asunción (il nous a juré qu'elle était noire) et que c'était hyper cool d'aller à l'école et que je ne savais pas ce que j'avais raté. J'étais halluciné : c'était la première fois de ma vie que j'entendais mes amis dire du bien de l'école. En plus, Yihad et Grandes Oreilles paraissaient être superpotes. Je me suis dit : « Tu manques deux jours d'école et le monde change complètement. »

Puis ils se sont allongés sur mon lit avec leurs bottes pleines de terre et tout, et ma mère est entrée dans la chambre et les a mis dehors en les traitant aussi mal que s'ils avaient été ses propres enfants.

A partir de ce moment-là, elle n'a pas arrêté de râler à cause de la vie que nous lui faisions mener. Elle a dit à mon grand-père de se trouver un endroit pour manger, qu'elle avait l'intention de faire grève générale, car elle n'avait même pas de contrat :

– Le contrat de mariage, Catalina, c'est déjà pas mal, non ?

Et ma mère lui a répondu :

– Tu veux parler du contrat poubelle avec zéro vacance et zéro prime.

Mon grand-père lui a dit :

– Ne t'inquiète pas pour moi, car moi aussi je vais faire grève : je suis le pépé aux commissions, le baby-sitter des gosses, et tout ça pour une pension qui ne me permet même pas de fuir Carabanchel.

Le soir, quand mon père a appelé, ma mère a ressorti son discours de gréviste et mon père lui a répondu :

– Eh bien, nous irons ensemble, parce que moi j'en ai marre de vivre dans la cabine d'un camion et de manger des patates avec de la semelle de chaussure et de parler au téléphone avec mes enfants et de rester pauvre même après ma mort.

Le Bêta s'est mis à pleurer, plein de tristesse.

– Mais qu'est-ce qui lui arrive encore à ce gosse ? Tu ne vas pas devenir malade toi aussi, ce serait le bouquet ! lui a demandé ma mère en état d'alerte maximale.

– Bébé veut aller à la grève avec Manolito.

– Et avec ta petite maman, mon cœur, lui a dit ma mère, en lui collant deux bisous mortels sur le visage.

– Non, avec petite maman non, avec Manolito.

– Oui, mon chéri, c'est ça, mettez-moi de côté, de toute façon, c'est ce que tout le monde fait dans cette maison. Avec toutes les crasses que lui fait son frère, ça ne l'empêche pas de l'aimer plus que moi !

– Catalina, ma fille, a crié mon grand-père depuis le canapé-lit, va te coucher, ce n'est pas ton jour aujourd'hui.

Voilà comment se passent les soirées chez les García Moreno : tout est paix et harmonie.

Ma mère est arrivée sur la véranda, elle m'a vu en train de jouer aux cartes avec mon grand-père et elle m'a dit :

– Et toi, demain debout, sinon tu vas devenir un drogué du jeu, comme ton grand-père.

Il faut toujours qu'elle se venge sur moi de tous ses malheurs.

Je me suis endormi tout de suite car même si j'avais dormi presque toute la journée, j'avais l'impression d'avoir accumulé dans le cerveau une quantité immense de sommeil ; en plus, les sachets répugnants du docteur Morales ont plus d'effet somnifère que les yeux de Kaa, le serpent du *Livre de la Jungle*.

J'ai rêvé que ma mère, au lieu du sachet du docteur, me versait des poudres empoisonnées dans le jus de fruit. Heureusement, je l'épiais sans faire de bruit et la découvrais à temps en train de tout mélanger dans le shaker du meuble-bar. En me l'apportant au lit, elle souriait de ses dents noires et je lui disais :

– Ne t'inquiète pas, maman, je vais le boire tout de suite.

Elle m'embrassait et me disait avant de partir :

– Ça va te guérir pour le restant de tes jours, mon chéri.

J'attendais qu'elle s'en aille et, tremblant de peur, j'allais jusqu'au berceau du gigantesque bébé et je lui demandais :

– Tu as soif ?

Et le Bêta enlevait sa tétine et buvait tout d'un trait.

Soudain, je me suis réveillé en sueur comme dans les films et je suis parti en courant voir si le Bêta était toujours vivant, car, sur le coup, je me suis senti comme un enfant criminel. Ouf, quel soulagement ! Il respirait comme d'habitude, en faisant du bruit par le nez, comme un petit cochon. Je suis retourné au lit, rassuré

de ne pas être un assassin et j'ai attendu qu'il fasse jour.

Il était huit heures et demie et personne n'était encore debout. Je me suis dirigé vers la chambre de ma mère et j'ai frappé trois coups à la porte : c'est mon mot de passe pour demander les *Choco Krispies*. Ma mère m'a répondu :

– Va te les préparer tout seul, tu n'es plus malade.

C'est ce que j'ai fait et je me suis habillé. Personne ne se levait et j'allais arriver en retard à l'école. Ce n'est pas que j'étais devenu soudain plus responsable, c'est que cette histoire de Yihad, qui avait vu la culotte de m'dame Asunción, me rendait fou. Et ça m'énervait aussi que Yihad et Grandes Oreilles soient devenus les meilleurs potes du monde. Je ressentais une profonde colère envers Grandes Oreilles : mon meilleur ami n'hésitait pas à me trahir dès que j'avais le dos tourné. Je devais aller à l'école pour éclaircir toutes ces histoires qui se déroulaient à mon insu.

J'avais, ce matin-là, une quantité de pensées dans la tête, c'est à peine si elles rentraient toutes dans mon cerveau : je passais de la colère envers Grandes Oreilles à la culotte noire et terrifiante de m'dame Asunción. Quoiqu'elle était peut-être blanche (comme celle que portent toutes les grosses dames), et que Yihad ait inventé ça pour se la jouer. Puis j'ai eu les nerfs car je suis fou de ce jeu de peste bubonique, même si c'est toujours moi qui dois faire le pestiféré bubonique. J'ai attrapé mon sac et je suis parti à l'école.

A chaque pas, j'avais comme l'impression de flotter, mais bon, ça m'arrive chaque fois que je passe plusieurs jours chez moi, malade ; après, je ne sais même plus comment on fait pour marcher dans la rue. J'ai été un peu déçu parce que je n'ai croisé personne qui m'a demandé : « Alors, Manolito, tu t'es remis de ta terrible maladie ? » J'adore parler de mes maladies, je tiens ça de mon grand-père. Même M. Ezéchiel n'était pas devant la porte du bar pour me dire bonjour comme tous les matins. Le Tropezón était fermé.

Lorsque je suis arrivé devant l'école, il n'y avait ni mères ni enfants, personne. J'ai regardé ma super-montre de haute précision : c'était la bonne heure. Tout se déroulait de façon si étrange que je me suis dit que j'étais peut-être encore en train de rêver ou que je délirais, comme dans les films où les gens délirent extérieurement, mais intérieurement, ils sont sur une belle plage pleine de cocotiers. Bon, moi, pour l'instant, j'étais devant la grille de mon école, et il ne m'était encore rien arrivé de très excitant, aussi je me suis dit :

– Je vais entrer. En fin de compte, si c'est un rêve, qu'est-ce que ça change ? Allons voir.

Ce qu'il y a de bien dans les rêves, c'est qu'un jour tu peux rentrer chez toi et te retrouver en train de manger le président du gouvernement, comme si c'était la chose la plus normale au monde, ou tu vas au parc du Pendu et, là, il y a le Roi qui parle avec ton grand-père de la jeunesse d'aujourd'hui. Je le dis parce que ça m'est déjà arrivé (en rêve).

J'espérais trouver dans ma classe Minerva, la fille de la météo que je préfère à la télé, mais la seule que j'aie vue, c'était m'dame Asunción, à sa place habituelle. M'dame m'a fait un grand sourire et m'a dit :

– Quelle joie de te voir ici, Manolito !

Alors j'ai pensé que oui, que c'était sûrement un rêve, car jamais dans la cruelle réalité, ma m'dame m'aurait accueilli comme ça. M'dame m'a dit aussi qu'elle se réjouissait de voir que j'étais le seul enfant de la classe qui ait décidé de venir à l'école ce jour de grève générale qui allait faire s'écrouler l'Espagne, et que c'était l'occasion pour moi de rattraper tout ce que je n'avais pas fait la veille et qu'elle s'assiérait à côté de moi pour m'aider, et que, grâce à ça, je ne deviendrais pas ce délinquant que tout le monde attendait.

C'était un rêve. M'dame Asunción s'est assise à côté de moi et je suis resté là sans bouger à la regarder. Je préférais ne rien faire en attendant de voir ce qui allait se passer dans cet étrange rêve. Peut-être que m'dame allait soudain enlever son terrible masque de m'dame Asunción et qu'apparaîtrait un visage merveilleux qui dirait :

– Salut, c'est Minerva, la fille de la météo.

Mais elle a continué d'être m'dame, la même m'dame cruelle que d'habitude :

– Sors tes cahiers, Manolito.

Qu'est-ce qu'il faut faire quand on est dans un rêve et que m'dame Asunción ordonne quelque chose ? On a le droit de répondre : « Je n'ai pas envie. S'il vous plaît, ça ne vous dérangerait pas de me laisser tran-

129

quille dans mes pensées ? » ; mais même dans mes rêves, je suis un lâche et j'ai dit :

— Excusez-moi d'être un peu lent, j'ai été malade.

J'ai sorti mes devoirs. M'dame m'a aligné une série de divisions assassines, de celles qui finissent par produire des dommages irréparables dans le cerveau. J'en étais à la troisième quand j'ai ressenti une espèce de sueur froide au niveau du front. Je me suis dit : « Ça y est, je vais me réveiller », et je me suis dit aussi qu'il fallait être bête pour vouloir faire ses devoirs en rêve. Aussi, je me suis dit à moi-même que le mieux était de sortir de là et de filer en direction du parc du Pendu pour survoler quelques instants Carabanchel, chose que j'ai l'habitude de faire dans mes rêves ; mais avant de me lever, j'ai eu envie de poser une question à ma m'dame, une question que je n'aurais jamais osé lui poser à la lumière du jour. Je ne pouvais pas abandonner ce rêve sans lui avoir demandé...

— M'dame...

— Qu'est-ce qu'il y a, mon petit ?

M'dame était avec moi beaucoup plus respectueuse en rêve que dans la vie réelle.

— Yihad dit que l'autre jour, en classe, quand vous êtes passée à côté de sa table, il a fait tomber un stylo par terre pour pouvoir se pencher et le ramasser en regardant votre culotte, et maintenant il raconte à tout le monde que votre culotte est noire. C'est vrai, m'dame ? Parce que moi, je pensais que les grosses dames ne portent que des culottes blanches.

La m'dame du rêve est restée pétrifiée à me regarder. Une minute, deux minutes... J'ai commencé à m'ennuyer, aussi j'ai rangé tous mes trucs dans mon sac à dos et j'ai dit : « Bon, j'y vais. »

– Manolito, dis à tes parents qu'ils viennent me voir demain, j'ai à leur parler.

Elle a dit ça sur son ton habituel et cette phrase terrifiante m'est restée collée sur la nuque, telle une tique. Mais la peur est partie tout de suite. En fin de compte, avoir un peu peur pendant que tu dors, c'est la moindre des choses.

Je suis parti sans dire un mot car dans les rêves on ne dit pas au revoir, ni merci ni bonjour, on ne demande pas s'il vous plaît et tous ces trucs mortels comme une pelle. En tout cas, moi, personnellement, dans un rêve, je ne perds pas mon temps avec ce genre de chose.

Je suis allé au parc du Pendu et j'ai laissé sur un banc mon sac à dos, qui pesait autant que si c'était un vrai sac à dos. J'avais un peu la nausée, aussi j'ai pensé que, durant le vol, le vent me ferait du bien sur le visage. J'ai fait un petit saut comme pour m'élever. Rien : j'étais toujours collé au sol. Alors je suis monté sur le banc pour essayer de plus haut. Parfois dans les rêves, tu as du mal à décoller et tu voles à ras de terre. C'est normal, il suffit de s'élancer. C'est ce que j'ai fait, mais ça n'a pas non plus marché avec le banc et je suis allé vers l'arbre. C'est facile de monter sur notre A. P. (Arbre du Pendu) car M. Ezéchiel nous a laissé des caisses de bière pour nous hisser. Une fois en haut, debout sur l'arbre, j'ai eu une espèce de nausée mortelle, et j'ai dû m'asseoir et m'agripper à une branche, car je trouve ça superdésagréable de tomber en rêve. Puis, toujours agrippé à ma branche, l'envie de voler m'est passée et j'ai commencé à avoir la tremblote, je n'arrivais plus à contrôler mes dents et celles d'en haut et d'en bas s'entrechoquaient si fort que j'avais toute la tête qui bougeait. Je ressemblais au petit chien que Louisa a mis à l'arrière de sa voiture, quand elle roule on dirait que le petit chien fait oui oui, oui oui, oui oui.

« La chance qu'il a mon papou ; quand il a froid, il enlève son dentier et comme ça ses dents ne cognent pas les unes contre les autres. » Voilà la dernière pensée dont je me souvienne. Ça et lorsque j'ai appuyé ma tête contre la branche, et que j'ai vu un cœur avec des initiales :

« Y & S Q-S »

Et après, j'ai entendu la voix de ma mère qui criait très fort :

– Mon Dieu, mon Dieu… !

Et la voix de Yihad :

– C'est un briseur de grève, c'est un briseur de grève… On l'a vu entrer dans l'école.

Et celle de Grandes Oreilles :

– Il va mourir ?

Et celle de mon grand-père :

– Mon petit ange.

J'ai rêvé que j'étais blessé à la guerre et qu'on me transportait sur une civière jusqu'à l'hôpital le plus proche. De temps en temps, on déposait la civière par terre et j'avais le dos en compote.

Lorsque j'ai ouvert les yeux, j'étais dans mon lit. On m'avait enlevé les lunettes, et, du coup, j'ai eu du mal à voir qui était assis devant moi en train de me regarder : c'était mon père.

– Qu'est-ce que c'est un briseur de grève ? C'est la première chose qui m'est venue à l'esprit.

– C'est celui qui décide de continuer à travailler alors qu'il y a grève.

– Et aujourd'hui, il y a grève ?

– Oui, aujourd'hui, c'est la grève générale.

– C'est pour ça que tu es à la maison ?

– Oui, c'est pour ça.

Mon père a passé sa main sur mon front, sa main était très fraîche et mon visage superchaud.

– Yihad a dit que je suis un briseur de grève car j'ai été à l'école, mais moi je croyais que c'était un rêve et je ne savais pas qu'il y avait grève.

– Tu n'es pas un briseur de grève, tu es mon pauvre malade. Je vais lui parler, moi, à ce Yihad de mes deux.

– Allonge-toi à côté de moi, comme ça je te refile ma fièvre et, demain, tu ne pourras pas non plus aller travailler. Et je me suis poussé dans le coin pour lui laisser de la place.

– Ce n'est pas une mauvaise idée, une bonne grippe, voilà ce qu'il me faudrait.

A cet instant, j'ai encore eu une superattaque terrible de froid et de fièvre et je lui ai dit que pour que ça passe, il devait me serrer très fort dans ses bras jusqu'à me faire craquer les os. Nous avons eu de la chance, je lui ai refilé ma grippe. Pendant quatre jours, mon père a été malade, et, dans la journée, nous étions tous les deux dans le lit de mes parents. D'après ma mère, nous avons été les malades les plus casse-pieds du monde mondial, car à toute heure, nous l'appelions pour qu'elle reste avec nous. Plusieurs fois, nous l'avons appelée juste pour l'énerver.

Mon père aussi a eu du froid dans le corps, si bien que, de temps en temps, nous devions nous venir en aide.

– Tu sais bien, Manolito, jusqu'à ce que j'aie les os qui craquent.

Je devais employer toutes mes forces car pour faire craquer les os de mon père, il faut être plus fort que Schwarzenegger, mais il a dit que je le faisais si bien et que ça lui réchauffait si bien le corps que c'était plus efficace que les antibiotiques. Le Bêta a passé quatre jours à nous marcher dessus avec ses chaussures orthopédiques.

Mon grand-père m'a raconté plusieurs fois (car je lui ai demandé) que m'dame avait appelé chez moi, le jour-même, pour dire à ma mère que j'étais devenu fou et que j'errais dans la rue. Ma mère et mon grand-père sont partis à ma recherche et m'ont trouvé tout tremblant dans l'arbre. Bien sûr, ils ne m'ont pas transporté sur une civière tel un blessé de guerre, c'est mon grand-père qui m'a porté dans ses bras jusqu'à la maison, et comme mon grand-père a les bras aussi maigres qu'un oiseau, de temps en temps il devait s'arrêter pour reprendre des forces et avaler sa salive. C'est

M. Ezéchiel qui m'a pris dans ses bras pour monter les escaliers de chez moi, car mon grand-père est resté assis sous le porche pour qu'on lui fasse la respiration artificielle. Ensuite, le docteur Morales est arrivé et il a dit que j'avais perdu la tête car j'avais beaucoup de fièvre, mais que j'allais la récupérer dès que la fièvre aurait baissé. Et je l'ai récupérée, et c'est alors que j'ai ouvert les yeux et que j'ai vu mon père, comme je te l'ai déjà dit.

Ça a été la meilleure maladie de ma vie car on a dû beaucoup, beaucoup, beaucoup s'occuper de moi, surtout ma mère, qui a dit que le pire moment qu'elle a passé dans sa vie sur cette planète, c'est quand elle m'a vu moribond tout en haut de l'Arbre du Pendu. Sans parler des virus que j'ai convaincus d'attaquer mon père pour qu'il reste au lit avec moi toute la semaine. C'est ce qui s'appelle de l'autocontrôle corporel.

Mais la fin de cette histoire, on peut dire qu'elle est arrivée le jour où je suis retourné à l'école. Je ne me souvenais plus très bien du jour de la grève où j'avais été en classe comme dans un rêve, mais Yihad m'a rafraîchi la mémoire. Du pupitre de derrière, il m'a soufflé à voix basse :

— Eh cafteur, alors comme ça, on dit à la m'dame que je me suis baissé pour voir sa culotte ?

Et là, je me suis dit que jamais personne ne me croirait si je disais que je ne l'avais pas fait exprès, et que Yihad allait passer toute la récré à m'appeler « mouchard » devant les autres. Mais Yihad s'est encore approché de mon oreille pour me dire :

135

– Eh top cool mec, comment t'as fait pour oser demander à m'dame la couleur de sa culotte. Des fois, Binoclard, t'as encore plus de culot que moi. Mets-toi cent points. Et qu'est-ce qu'elle t'a répondu ?

Je me suis retourné tout ému car c'était la première fois que Yihad m'admirait. Finalement, c'était moi le mec le plus culotté de ma classe, plus culotté que Yihad, plus culotté que le bon roi Dagobert.

– Elle ne m'a rien répondu, elle est restée sans parler.

Nous avons commencé à rire. M'dame est arrivée devant mon pupitre, elle a mis sa bouche tout près de mes yeux et m'a dit :

– Manolito, aujourd'hui tu n'as ni fièvre ni excuses, alors tâche de bien te comporter sinon…

C'est ici qu'a pris fin ma vie de superculotté de quartier. Je me suis rendu compte que m'dame me faisait tellement peur que je ne pourrais jamais être comme Yihad ni comme les mecs du lycée Thyssen. Mon règne dans le royaume des culottés avait très peu duré : Manolito le Bref, on pourrait m'appeler.

Mais ça n'a pas empêché qu'un jour, mon stylo est tombé par terre. Il est vraiment tombé, je ne l'ai pas fait exprès. Oui, et une fois que je me suis penché, j'ai attendu que m'dame s'approche de mon pupitre et j'ai regardé vers le haut. Puis j'ai écrit sur un bout de papier que j'ai passé à Yihad :

« Menteur, elle est blanche. »

Et il m'a répondu sur un autre bout de papier :

« Ça doit être une autre qulotte, Binoclard, elle ne va pas porter tous les jours la même. »

136

C'était clair que Yihad cherchait, comme toujours, à avoir raison. Mon grand-père me dit souvent :

– Il arrivera un jour où tu pourras lui dire ses quatre vérités.

En lisant son mot, je me suis soudain souvenu du cœur que j'avais vu sur une branche de l'Arbre du Pendu. Ça y est, maintenant je comprenais : Yihad et Susana Qulotte-Sale

Il n'y avait que lui pour avoir écrit culotte avec un Q. Et j'ai ri tout seul pendant très longtemps parce que je n'étais peut-être pas le plus culotté, mais comme dit mon père, rira bien qui rira le dernier, et le jour où je pourrai enfin lui faire face, ce jour-là, je n'aurai pas besoin de le frapper ou de l'insulter, comme il le fait avec moi, car le seul truc qui sortira de ma bouche, ce sera un de ces rires qui te clouent au sol.

Vélazquez contre le sexisme

Un jour, m'dame Asunción nous a distribué des feuilles avec plein de questions sur ce qu'on pensait des filles, et aux filles sur ce qu'elles pensaient de nous les garçons. Nous avons tous commencé à écrire que ça se passait très bien, que nous communiquions beaucoup et que nous étions de grands amis, et qu'aux récréations, on s'amusait comme des fous sans jamais nous insulter. Mais m'dame a commencé à lire les réponses et nous a dit de les rayer, et de mettre la vraie vérité car c'est le ministère de l'Éducation qui ordonnait cette enquête, et on ne peut pas mentir au Ministère, c'est interdit par la constitution.

Nous avons commencé à tout réécrire, mais cette fois en cachant la feuille avec notre bras, car c'était clair que ce que nous étions en train de mettre maintenant c'était la réalité crue, et, bien sûr, quand on te demande de parler avec sincérité de tes copines, tu ne peux plus t'arrêter et il te manque des feuilles pour écrire ce que tu penses sans te gêner. Grandes Oreilles m'a dit :

– Enlève ton bras, je ne vois rien.

– Mais, mec, pour ça tu n'as pas besoin de copier ! Tu as juste à mettre ce que tu penses d'elles.

– C'est que je n'ai pas envie de penser.

Quel relou ! Avec Grandes Oreilles, il n'y a rien à faire. Il a copié tout ce que je pensais de Susana, de Jessica l'ex-grosse et de la nouvelle, Mélody Martínez (M. M.), qu'elles viennent toutes me voir à la récré pour me dire :

– Binoclard, pourquoi tu ne joues pas avec nous à l'élastique, il nous manque une fille. De toute façon, au foot Yihad ne te laisse pas toucher la balle.

Grandes Oreilles a tout recopié tel quel. J'ai dû lui dire de corriger :

– Punaise, au moins n'écris pas « Binoclard », remplace-le par « Grandes Oreilles ».

C'est toujours comme ça avec lui, il y a eu des contrôles où il s'est tellement peu gêné pour tout copier qu'il a même mis mon nom et mon prénom. Et du coup, dans les contrôles, j'ai double travail : je dois faire mon examen et je dois ensuite corriger le sien parce que si m'dame s'aperçoit que c'est copié mot à mot, c'est sûr qu'elle va m'accuser, moi, de l'avoir laissé faire. Comme tu le vois, cette vie se divise en deux grands groupes : ceux qui sont coupables et ceux qui sont innocents, et moi je me retrouve toujours dans celui des coupables. Grandes Oreilles, qui a un culot grandeur nature, se retrouve toujours du côté des innocents. Je ne sais pas pourquoi. Mon grand-père dit qu'une fois que tu es dans un groupe, c'est très difficile de passer dans l'autre.

Le fait est que l'exercice du Ministère nous a vachement plu : nous en avons profité pour dire ce que nous avions sur le cœur et déballer tout notre linge sale. Pour la première fois dans l'histoire de mon école, nous avons continué d'écrire même après la sonnerie.

De retour chez nous, nous nous sommes raconté les uns aux autres ce que nous avions mis pour l'examen du Ministère.

– Moi, j'ai parlé du jour où Susana a cafté à ma mère qu'en sortant de chez moi, je mettais une boucle d'oreille, a dit Yihad. Et à cause d'elle, pendant une semaine, ma mère m'a accompagné jusqu'à l'école pour me surveiller.

– Moi, j'ai parlé du jour où M. M. m'a appelé Fourmi Atomique devant les mecs du lycée Thyssen, a dit Moutarde.

– Et moi, quand elles me disent de jouer avec elles à l'élastique parce qu'au foot, vous ne me passez pas la balle, a dit Grandes'O.

– Ça c'est moi qui l'ai mis ! ai-je crié, déjà que tu me copies, mec, tu ne vas pas en plus t'en vanter !

– Bon, bon, d'accord, t'énerve pas.

– Et Mélanie tape Bébé, s'est indigné le Bêta, qui veut toujours se mêler des conversations des grands.

– Eh bien, ça, tu te le gardes dans la tête et lorsque, dans quelques années, les mecs du Ministère te feront passer l'examen, tu le ressortiras en lettres majuscules.

Il n'y a aucun doute là-dessus, je suis un exemple

vivant pour mon frère. Le Bêta m'a attrapé la main et m'a souri car il était content d'être dans notre équipe, dans l'équipe A, l'équipe qui devait endurer toutes les humiliations du groupe B, celui des filles.

Le groupe B (Jessica, Susana, M. M. et trois autres) est passé devant nous sans même nous dire bonjour. Susana s'est retournée pour dire à Yihad :

– J'ai mis que tu fumes et que tu craches de côté, comme les mecs du lycée Thyssen, et que ceux-là sont pliés de rire avec tes bêtises – quand Susana parlait de ceux-là, elle voulait dire Moutarde, Grandes Oreilles et moi. – Au Ministère, ils vont certainement appeler ta mère.

– Et alors, je m'en tape. S'ils appellent ma mère, ils appelleront aussi la tienne pour qu'elle te lave la langue à l'eau de javel à cause de tous les gros mots que tu as dits l'autre jour dans le parc.

– Exactement, exactement ! avons-nous dit, la grande équipe, l'équipe A.

Chaque groupe est parti sur un trottoir différent, les regards injectés de haine pendant plusieurs mètres. Dans le groupe A, Yihad se tenait au centre ; dans le groupe B, c'était Susana.

– Je ne lui ai pas donné de coup de pied car je n'ai pas voulu, je ne voulais pas me fatiguer, a dit Yihad.

On a tous trouvé ça superbien, car à quoi bon gaspiller ses forces, le moment n'était pas encore arrivé.

Puis nous nous sommes dit au revoir ; le Bêta et moi nous étions déjà sous le porche quand Yihad est arrivé en courant :

– Eh, Binoclard, les… questions d'aujourd'hui… les mecs du Ministère vont les montrer à nos parents ?

– J'espère que non.

Tout le monde espérait que non, car nous avions été si sincères dans nos réponses que, lorsqu'au Ministère ils liraient nos examens, ils verraient bien que le groupe A comme le groupe B, nous avions profité de l'occasion pour nous planter des couteaux dans le dos les uns aux autres. Et nous n'avions même pas pensé que nous avions signé ces terribles accusations, avec nos noms et nos prénoms sur l'en-tête. Là, il faut reconnaître, même si ça fait mal, que nous étions aussi idiots les uns que les autres, groupe A comme groupe B.

Nous avons eu peur pendant trois jours, le temps qu'a mis une dame du Ministère pour venir dans notre école. Tandis que m'dame nous la présentait, nous regardions tous par terre, et on pouvait presque entendre le bruit de nos dents qui claquaient à cause de la peur que nous avions de cette femme, qui tenait dans ses mains nos feuilles, les corps du délit. Mais la dame du Ministère a fait quelque chose que nous n'attendions pas : elle nous a adressé un supersourire et nous a dit que nous allions lutter ensemble pour que les filles et les garçons soient tous égaux. Arturo Román a levé la main, et nous nous sommes tous demandé : « Qu'est-ce qu'il veut encore celui-là ? »

– Madame, vous n'êtes pas de la police ?

Il faut quand même reconnaître que Arturo Román ose toujours demander ce que nous avons tous dans nos esprits.

– De la police ? elle s'est mise à rire, et ça nous a donné plus confiance pour lever la main.

Ça a été au tour de Yihad :

– Madame, elle a mis que je fume, mais c'était juste un jour et parce que les mecs du lycée Thyssen m'ont demandé si je voulais essayer.

– C'est pas vrai, madame, a dit Susana en se levant, il sait avaler la fumée et faire des ronds avec la bouche.

– Exactement, exactement, a dit le groupe B, c'est-à-dire toutes les filles.

– Et elle, vous savez quoi, madame, a dit Yihad en revenant à la charge, elle a traité M. Solis de « fils de… et ce qui suit », un jour où M. Solis l'avait laissée dans la cour parce qu'elle était arrivée une demi-heure en retard.

– Je ne l'ai pas traité de « fils de… et ce qui suit ».

– Si, tu l'as traité, est intervenu Grandes Oreilles.

– Je me demande bien à quoi ça te sert d'avoir les oreilles aussi grandes si c'est pour entendre si mal, lui a lancé Susana.

– Il ne doit pas beaucoup les laver, a ajouté Jessica, l'ex-grosse.

– Tu peux parler, depuis le début de l'année, tu portes le même survêtement des *101 dalmatiens* – nous avons tous applaudi à ce coup bas que venait de porter Grandes Oreilles à Jessica.

– Au lieu des *101 dalmatiens*, on dirait maintenant les 101 dobermans. Regardez-les, madame, ils sont tout noirs, ça c'est moi qui l'ai dit.

Mais la dame était bouche bée depuis un bon moment,

et nous regardait par-dessus ses lunettes, qui avaient glissé jusqu'au bout de son nez.

— Toi Binoclard, tais-toi, m'a dit Jessica l'ex-grosse, en me montrant les dents, tout le monde sait que tu es un voleur, et que tu voles à la boulangerie.

— Mais, madame, ai-je expliqué à la femme du Ministère, j'ai déjà été puni pour ça, et on n'a pas à purger deux fois la même peine.

— C'est vrai ça, c'est vrai ça, madame, m'a défendu Yihad, mon frère me l'a expliqué plein de fois.

— Et son frère est bien placé pour le savoir, a expliqué Moutarde, il est en liberté surveillée.

— Pour vol sous la menace d'une arme, a crié Mélody Martínez.

— Non, pour vol tout court, mon frère est quelqu'un de très bien.

Nous avons tous montré à la dame la prison, que l'on voyait de la fenêtre de notre classe.

La dame a regardé la prison avec des yeux superouverts et elle a tellement levé les sourcils que ses lunettes se sont décrochées et qu'elles sont tombées. Nous nous sommes tous jetés dessus. C'est Yihad qui a réussi le premier à les rattraper au vol.

— Tenez, madame, elles ont failli se casser.

Je n'avais encore jamais vu Yihad aussi lèche-bottes, mais j'étais content car, en l'occurrence, c'était lui le capitaine du groupe A. Il nous représentait tous. La dame a avalé sa salive et a regardé m'dame Asunción, qui nous avait écoutés sans faire trop attention car elle est habituée à nos nombreuses frictions quotidiennes.

– Bon, les enfants, cette dame n'est pas venue ici pour perdre son temps avec vos bêtises. Au Ministère, ils ont lu vos réponses et vous êtes un exemple de mauvaise éducation sur la planète...

M'dame a ajouté que nous nous étions distingués parmi toutes les écoles comme étant les plus sexistes, que c'était répugnant de voir ce que pensaient les garçons des filles, et aussi les filles des garçons, et qu'ils allaient essayer de corriger nos comportements, bien que m'dame croyait, et elle l'a dit comme ça, que c'était totalement impossible.

La dame du Ministère (qui n'était pas de la police) nous a dit que nous ferions tous des stages en dehors des heures de classe, pour nous former à l'égalité, même contre notre plein gré.

La première semaine, ils nous ont passé des vidéos où l'on voyait un homme et une femme qui faisaient le même travail et qui avaient le même uniforme. C'étaient toujours la même femme et le même homme, un coup ils étaient mineurs, un coup médecins, ou encore facteurs. J'en suis resté là car, comme les lumières étaient éteintes, et que le stage sur le sexisme était tard dans l'après-midi, je me suis endormi comme une souche. Je n'étais pas le seul : lorsqu'ils ont rallumé les lumières, j'avais la tête de Grandes Oreilles sur une épaule et celle de Moutarde sur l'autre. A voir les yeux et les cheveux que nous avions tous en sortant de la classe, je me suis dit que personne n'avait supporté plus de cinq minutes cet homme et cette femme si superparfaits, qui savaient tout faire. Moi, des gens aussi intelligents me tapent sur les nerfs. Là-dessus, nous étions tous d'accord (le groupe B inclus).

On ne peut pas dire que cette vidéo ait beaucoup changé notre idée de la vie vitale. Et ils ont donc décidé de nous faire passer un traitement de choc. Certains jours de la semaine, nous aurions des cours de travaux ménagers et certains autres, des cours de self-défense. Et il n'était pas question de dire non, nous étions obligés, car l'école Diego de Vélazquez devait lutter contre le sexisme !

M'dame nous a laissé choisir entre plusieurs travaux ménagers : nous pouvions faire un garde bas, un garde chaussettes ou un étui pour ouvre-boîtes.

Tout le groupe A nous avons choisi le garde chaussettes et le groupe B le garde bas ; l'étui pour ouvre-boîtes, Arturo Román a été le seul à le choisir, il n'en fait toujours qu'à sa tête.

Nous avons chacun fait un sac de toile à petits carreaux et nous avons dû broder dessus le mot : « Gardechaussettes ». Tout le monde s'est trompé avec les lettres, moi j'ai réussi à avoir « Cradechaussettes », mais finalement, je ne m'étais pas beaucoup trompé car quand j'ai offert le sac à mon père, ma mère lui a dit avec méchanceté : « Tu pourras y mettre les sales », et, depuis, mon père l'emporte toutes les semaines en voyage et lorsqu'il revient et qu'il le sort de ses bagages, on dirait que dans le sac à petits carreaux il transporte un camembert.

146

Yihad voulait offrir le sac à son frère, celui de la prison, pour qu'il s'évade, et il a brodé : « Lime's », car Yihad dit que si son frère ne s'évade pas, c'est parce qu'il ne veut pas décevoir sa mère, et non pas parce qu'il ne sait pas. Le problème, c'est que Yihad, après avoir terminé de broder son mot, s'est mis à enquiquiner les autres, et dès que tu ne t'y attendais pas, il t'enfonçait une aiguille dans le cul. Il piquait seulement les garçons, évidemment. Yihad aime bien faire le malin devant le groupe B, et le groupe B était mort de rire en nous voyant sauter de notre chaise chaque fois que Yihad nous attaquait par surprise. Paquito Médina a été le premier à oser lui rendre ses attaques, mais ça n'a pas été le dernier : chaque après-midi où il y avait cours de travaux ménagers, nous finissions à la recherche du cul de nos copains, une aiguille à la main, et l'autre main sur notre propre cul en guise de protection. Le groupe B se tordait de rire pendant que nous, le visage tordu de douleur, à nous chercher les uns les autres, nous sentions que nous n'étions plus le groupe uni du début.

Mais le pire n'a pas été le stage de travaux ménagers. Pour le stage de self-défense, m'dame nous a laissés dans les mains du professeur de judo. Comme le but était de lutter pour l'égalité des sexes, le professeur nous a dit de faire des couples mixtes fille-garçon. Et moi, je me suis retrouvé avec Jessica l'ex-grosse. Rien que de la voir avec son kimono de judoka, je me suis mis à trembler, car elle me regardait avec un air de dire : « Cette fois, Binoclard, ça va être ta fête. »

Le professeur a déclaré que nous allions essayer une prise d'immobilisation. Je suis allé demander au professeur si on pouvait changer de partenaire, si je pouvais prendre, par exemple, Grandes Oreilles, car comme il est aussi godiche que moi, j'étais sûr que nous finirions par terre sans avoir effectué la terrible prise. Je n'ai pas été le seul à m'approcher du prof pour lui demander de changer de partenaire, nous étions six ou sept à l'entourer, tous du groupe A, ça oui. Mais le professeur nous a regardés avec un petit sourire méchant et nous a renvoyés à nos postes de combat.

J'ai touché l'élastique qui attachait mes lunettes à mon cerveau, en pensant au pire : cette brute allait me casser mes lunettes, c'était sûr. Mon ennemie m'a dit très poliment :

– Si tu veux, je te les serre un peu plus, comme ça, elles ne tomberont pas.

– Bon d'accord.

Mieux valait que nous devenions amis durant les deux minutes qui nous restaient avant la prise, chose que nous n'avions jamais réussie durant les trois années où nous avons été camarades de classe.

L'assassin ! Elle m'a serré l'élastique tellement fort qu'on aurait dit une infirmière en train de faire un garrot d'urgence. Je me suis retrouvé avec une moitié de la tête toute rouge et l'autre moitié toute blanche. On aurait dit un mec de l'Atleticó de Madrid*. Quoique finalement ça tombait plutôt bien car j'ai un peu perdu connaissance.

---

* Atleticó de Madrid : équipe de football espagnole dont le maillot a des rayures rouges et blanches.

149

Le professeur sadique nous a dit de nous mettre en position de combat. C'est ce que nous avons fait et j'ai pensé : « Pourquoi m'embêter à me défendre, je n'ai qu'à faire le pantin et elle fera les prises qu'elle voudra. »

En plus, mon père m'avait dit cinquante-cinq mille fois qu'on ne tape pas les filles et qu'on ne leur fait pas des prises meurtrières, même si c'est une fille comme Jessica. Ça me consolerait si, de temps en temps, je pouvais faire une prise à un garçon, mais je ne sais même pas comment on fait pour gagner une bagarre.

Toujours est-il que cette nana ex-grosse m'a donné un coup de pied mortel qui m'a mis par terre, dans une position que nous pourrions appeler d'« immobilisation totale ». Lorsque je suis revenu à moi, car entre l'élastique des lunettes et la prise j'avais eu le temps de compter les étoiles de l'univers, j'ai regardé d'un côté et de l'autre et j'ai vu plusieurs de mes copains allongés dans la même position que moi. On aurait dit une armée vaincue, l'armée du groupe A. Susana a posé le pied sur le ventre de Yihad, qui lui aussi avait perdu, et a levé les bras en signe de victoire. Les autres l'ont imitée sans aucune pitié. Cette scène s'est répétée durant les six cours de self-défense, et, à la fin, comme le prof en a eu marre de nous voir faire toujours le même petit numéro du groupe B terminant avec le pied sur le ventre du groupe A, il nous a dit que reviendraient ceux qui en auraient envie. Au cours suivant, il n'y a que le groupe B qui est revenu, et elles ont attendu pendant une demi-heure qu'arrive quelqu'un du groupe A pour l'écraser. Mais voyant qu'aucun de nous ne venait, elles ont demandé au professeur de leur montrer ses biceps et le professeur leur a fait une démonstration musculaire, car c'est un crâneur musclé, toute l'Espagne le sait.

Peu de jours après avoir terminé notre traitement de choc, la dame du Ministère est revenue et a distribué d'autres feuilles pour que nous racontions aux autorités espagnoles comment s'était passée notre expérience de lutte contre la différence entre les sexes. Nous avons tous répondu avec notre plus belle écriture. Par exemple, quelques exemples :

Ca à été une très bone esperience. Maintenan nous sommes plus uni qu'avant. Merci, Ministère. Mon frère dit que la prison serais plus drole si c'était mixte.

Yihad

Les filles sont moins bêtes que je ne pensais.

O. Lopez

Je ne me bagarrerai plus jamais avec elles. Elles m'ont frappé comme me frappent les garçons.

Manolito

Nous avons mis le pied sur leur ventre après les avoir vaincus. C'était merveilleux.

Jessica, l'ex-grosse

Le stage de travaux ménagers a été génial : ils se sont attaqués les uns les autres avec des aiguilles. Ils sont superdrôles, même si à première vue ils ont l'air d'imbéciles.

Susana C.-S.

Comme tu vois, personne ne voulait faire d'histoires ; et puis ça nous faisait de la peine que la dame du Ministère s'en aille déçue, et qu'elle pense que son traitement n'avait servi à rien. Elle a jeté un coup d'œil sur nos feuilles par-dessus nos épaules et, d'après le sourire qu'elle a fait, elle était supercontente.

– Tout n'est pas perdu, a-t-elle dit à m'dame.

– Vous ne les connaissez pas. (M'dame ne croit pas que nous puissions jamais changer.)

La dame a passé en revue tous les bancs de la classe.

– J'espère que ces stages vous ont servi à vous rendre compte que filles et garçons peuvent travailler ensemble, en tant qu'amis, que camarades, et que vous n'êtes pas aussi différents que vous le croyiez. Je m'aperçois que tous les garçons occupent les pupitres de gauche et toutes les filles les pupitres de droite.

C'est vrai, depuis trois ans nous étions assis comme ça. Une ligne invisible coupe la classe en deux.

– Avec la permission de votre maîtresse, je vous propose de vous lever et de vous mélanger. L'heure est venue de briser les barrières. Allez les garçons, allez les filles, n'ayez pas peur...

Nous avons eu un peu de mal, c'est vrai, car m'dame ne nous laisse jamais nous lever en plein milieu d'un cours.

– Je crois, a dit m'dame l'air inquiet, qu'il vaudrait mieux remettre les changements à plus tard.

– Non, ils ont prouvé qu'ils pouvaient vivre ensemble : en avant !

Moutarde a été le premier à se lever. Comme il est très léger, il a pris son élan et il a volé d'un bond au-dessus de deux bancs. Nous l'avons tous applaudi avant de nous lever dans un grand chahut. Nous passions par-dessus les pupitres, piétinant les cahiers qui étaient restés ouverts, nous cognant les uns contre les autres, trop heureux de pouvoir faire les brutes en pleine classe et avec la permission du Ministère en personne.

– Je vous l'avais dit, je vous l'avais dit ! a crié m'dame. Arrêtez, délinquants, ou vous allez être privés de récréation !

Elle avait prononcé le mot magique : récréation. Chacun a cherché rapidement une place et s'est assis. Je transpirais tellement je m'étais éclaté et nous respirions tous très fort après la bousculade générale.

La dame a refait sa tête du premier jour : les yeux grands ouverts et l'air effrayé. Elle a regardé d'un côté, puis elle a regardé de l'autre côté, et elle a vu ce que nous avons tous vu peu à peu, c'est-à-dire qu'avant les garçons, nous étions assis sur les bancs à gauche et les filles à droite, et maintenant c'était pareil mais à l'envers : les garçons à droite et les filles à gauche. J'ai regardé mon camarade de pupitre : c'était Grandes Oreilles, comme d'habitude. En fait, nous avions tous le même camarade qu'avant mais de l'autre côté de la classe.

Trois mois ont passé depuis et rien n'a changé, et rien ne changera jusqu'à la fin de l'école, jusqu'à ce que nous en finissions avec m'dame ou qu'elle en finisse avec nous.

– Je vous l'avais dit, a répété m'dame à la dame du Ministère.

Elle a avalé sa salive, a levé les sourcils et ses lunettes ont glissé le long de son nez jusqu'à ce qu'elles tombent, mais cette fois-ci, personne n'a été assez rapide pour les rattraper au vol, et tous, depuis nos nouvelles places, nous avons entendu le « crac » des verres contre le sol. On a tous, d'une rive à l'autre, un peu ri, mais ça nous a fait aussi un peu de peine ; c'est qu'il y a des moments où malgré la ligne invisible qui sépare la classe, le groupe A et le groupe B, nous sommes superunis.

M. M.

Il y a déjà un mois qu'est arrivée dans ma classe une fille nouvelle, qui a un nom de millionnaire internationale, Mélody Martínez. Elle est venue en milieu d'année car ses parents ont dû partir en courant pour des affaires dans un endroit inconnu. Ils sont partis si vite qu'un jour, en rentrant de l'école, Mélody Martínez a trouvé un mot avec juste écrit dessus : « Nous avons dû partir », et Mélody Martínez ne savait ni où ils étaient partis, ni quand ils reviendraient, alors elle a pris sa boîte de céréales et cinq yaourts, elle s'est assise devant la télé et a commencé à s'enfiler toutes les émissions les unes après les autres et à s'enfiler les yaourts les uns après les autres et comme ça jusqu'à ce que la nuit tombe et qu'elle s'endorme.

Toute cette histoire est vraie, je n'ai rien inventé, c'est Mélody Martínez en personne qui nous l'a racontée en long, en large et en travers. M'dame nous avait dit :

– Pas de commérages, ne l'embêtez pas avec vos questions, je vous connais.

Je ne sais pas pourquoi elle nous a dit ça car la vérité c'est que nous sommes des enfants hyperdiscrets. A la récréation, nous avons fait semblant de la connaître depuis toujours, nous allions et venions, l'air de rien, comme si nous nous en fichions qu'il y ait une nouvelle du nom de Mélody Martínez. Mais c'est elle qui nous a provoqués : elle s'est mise en plein milieu de la cour et sans se gêner le moins du monde mondial, elle a commencé à faire des bulles avec son chewing-gum presque aussi grandes que la tête du Bêta, pour donner un exemple. Peu à peu, nous avons commencé à l'entourer ; c'était incroyable, aucune bulle n'éclatait, elle les aspirait lentement puis se remettait à mâcher plusieurs fois pour préparer la prochaine. Nous avons été quelques-uns à applaudir car la vérité c'est qu'elle le méritait, et la voilà qui nous dit :

— Ne m'appelez pas Mélody, appelez-moi M. M., c'est comme ça qu'ils appellent dans le journal un ami de mon père.

— Et pourquoi l'ami de ton père est dans le journal ? lui a demandé Arturo Román.

— Eh bien, des fois c'est pour une chose et puis d'autres fois c'est pour une autre.

Nous n'avions jamais rencontré une fille aussi mystérieuse, et puisque Arturo Román venait de briser la glace, nous l'avons encerclée et nous avons commencé à lui poser des questions comme les journalistes de la télé à la sortie du Palais de justice.

M. M. nous a dit qu'elle préférait faire sa conférence de presse dans la classe durant l'heure de permanence.

M. M. était une fille du monde. Elle s'est assise à la place de m'dame et a placé quelques feutres devant elle en guise de micros. Les questions que nous lui avons posées étaient des plus normales :

– Tes parents partent toujours en affaires dans des lieux inconnus ?

– Presque toujours, mais ils finissent par réapparaître par surprise, ou pire, on finit par les retrouver.

– Tu es de quelle équipe ?

– Moi ? de celle qui gagne.

– Qui t'a appris à faire des bulles aussi hallucinantes ?

– Le flic qui m'a amenée à Carabanchel. Nous avons fait un concours sur le chemin, j'ai gagné et il s'est vexé pendant un bon bout de temps…

Nous avons raté la récréation, mais nous aurions pu aussi bien rater toute notre vie, car la conférence de presse de Mélody était top cool.

Je t'avais raconté avant que M. M. s'était endormie devant la télé, bon, eh bien après… imagine qui est entré chez elle sans prévenir ? La police, la police est entrée, et Mélody a éteint la télé sans se presser et leur a montré le mot que lui avaient laissé ses parents. La police a fouillé dans toute la maison, et Mélody dit qu'ils ont même regardé la chasse d'eau des W. -C. car certains policiers étaient superméfiants. Un policier a dit à Mélody :

– Tu dois venir avec nous, tu ne peux pas rester ici toute seule.

Et Mélody a répondu qu'elle ne partirait pas si le

policier n'écrivait pas un mot à ses parents, au cas où ils reviendraient. Et le policier avait intérêt à le lui écrire !

Ne vous inquiétez pas pour votre fille Mélody,
elle est avec nous.
Signé : la police.

Vrai de vrai. Les autres aussi ont dû signer. Et Mélody a pris ensuite son canard Donald pour retirer les cent francs que sa grand-mère lui avait envoyés à Noël, mais l'argent n'était plus là, et sans se gêner elle a dit aux policiers :

— Qui a enlevé ce qu'il y avait dans ma tirelire ?

— J'ai l'impression qu'on te l'a pris avant que nous n'arrivions, a répondu le policier.

Mais Mélody a dit que ses parents n'auraient jamais touché à sa tirelire Donald sans lui demander sa permission, à moins qu'il ne s'agisse d'une urgence. Qui sait, après tout cela fait déjà un mois et demi qu'ils ne sont pas réapparus.

Le policier qui avait écrit le mot a amené Mélody au commissariat et là, ils lui ont demandé si elle avait de la famille quelque part. Mélody leur a dit aussi que ça ne la dérangeait pas d'attendre que ses parents reviennent, mais la police ne te laisse pas attendre tes parents s'ils sont partis en voyage d'affaires dans un lieu inconnu, aussi Mélody a dû avouer qu'elle avait une grand-mère à Carabanchel, qui habitait près de la prison où vivait un ami de son père (celui qui était dans le journal avec les initiales M. M.).

Le policier qui avait écrit le mot, et que nous appelle-rons à partir de maintenant Rodríguez-Rivero (ce n'est pas un pseudonyme, il s'appelle vraiment comme ça), l'a emmenée dormir chez lui. La femme de Rodríguez-Rivero a préparé le dîner pour Mélody et le lendemain, elle l'a habillée avec les vêtements de son fils, qui a trois ans de plus qu'elle, si bien que Mélody avait l'air d'un clown. La femme du policier lui a fait plein de bisous, comme si elle l'aimait beaucoup, et Rodríguez-Rivero l'a emmenée à la gare et là, ils ont pris le premier train pour Madrid. Sur le chemin, M. M. et R. R. ont joué avec les cartes qu'avait apportées Mélody dans son sac à dos. Mais R. R. a dit qu'ils devaient changer de jeu car ce n'était pas normal, qu'une fille de neuf ans joue au poker menteur. Mélody croit surtout que ce que Rodríguez ne trouvait pas normal c'était qu'elle gagne tout le temps. Alors Rodríguez lui a appris le secret pour faire des bulles spectaculaires, ils ont fait un championnat et Mélody l'a à nouveau écrasé. Et Rodríguez a dit à notre nouvelle amie :

– Maintenant, regarde le paysage et compte les poteaux électriques, ça m'a écœuré toutes ces bulles.

Mélody a compté des milliers et des milliers et des mil-liers de poteaux électriques jusqu'au moment où elle a entendu qu'ils arrivaient à Madrid et Mélody a crié au policier, qui s'était endormi :

– Policier Rodríguez-Rivero, nous sommes arrivés à Madrid !

M. M. ne se souvenait pas très bien de sa grand-mère ni sa grand-mère de sa petite-fille, si bien que lorsqu'elle est descendue du train, elle s'est jetée dans les bras d'une dame qui passait par là, et sa grand-mère, les larmes aux yeux, a embrassé une fille, qui descendait du train, beaucoup plus petite que Mélody Martínez. Voilà ce qui arrive aux grand-mères, si la dernière fois qu'elles t'ont vu tu avais cinq ans, quand elles te revoient elles croient que tu as toujours cinq ans, même si tu en as déjà vingt-cinq. Après cette terrible erreur, Mélody et sa grand-mère se sont embrassées et Mélody a trouvé que sa grand-mère était un peu vieille et pleurnicheuse, car elle n'arrêtait pas de pleurer pendant qu'elle parlait avec le policier Rodríguez-Rivero.

Le policier R. R. a dit à la grand-mère qu'il l'appellerait de temps en temps pour avoir des nouvelles de Mélody, il a fait promettre à M. M. qu'elle se comporterait bien et qu'elle obéirait à sa grand-mère et il a fait promettre à la grand-mère qu'elle s'en occuperait tout le temps.

Avant de les quitter, le policier R. R. a donné à Mélody un billet de cent francs et Mélody lui a chuchoté à l'oreille :

– C'est donc toi qui l'avais pris, hein coquin ?

Et R. R. l'a regardée comme s'il ne comprenait pas l'allusion. Mais bon, Mélody dit qu'elle lui pardonne, car comme dit son père : « Même les policiers sont tentés. »

Voilà comment est arrivée Mélody Martínez à Carabanchel. M'dame nous a dit que nous devions être ses amis dès le premier jour car la vie de Mélody n'avait pas été facile, mais cette fille n'a pas besoin d'être protégée par qui que ce soit. Quinze jours après son arrivée, elle est venue dans le coin de la cour où nous étions en train de faire des roulades de singes, Moutarde, Grandes Oreilles et moi et nous a demandé :

– Vous voulez venir demain à ma fête d'anniversaire ?

Nous avons répondu oui, bien sûr, personne ne refuse d'aller à un anniversaire, en tout cas pas dans mon école. Ce qui nous intriguait, c'était pourquoi elle nous avait choisis nous trois alors qu'elle nous connaissait à peine.

– Ce doit être à cause du physique, a dit Grandes Oreilles.

– Moi qui pensais qu'on était les plus laids de la classe, a dit Moutarde.

Mais non, nous sommes arrivés à la conclusion que nous étions un Binoclard, un Grandes Oreilles et un Moutarde – le plus petit de la classe – mais en aucun cas les plus laids. Tu devrais en voir certains de ma classe, ils sont bons pour l'Exposition universelle.

Et donc, le lendemain, nous sommes montés tous les trois hypercoincés chez notre super nouvelle amie. Sa grand-mère nous a ouvert la porte. Nous la connaissions déjà car, comme mon grand-père, elle va au Foyer du Pensionnaire. Elle est très sympathique, quoique parfois elle se mette à pleurer pour rien et toi t'es là sans savoir où regarder. Mais à part ce petit défaut, elle est top cool de chez top cool. La grand-mère avait préparé un anniversaire un peu bizarre, car sur la table elle avait mis des crevettes, des sardines à l'huile, des anchois, ce genre de trucs. On se serait cru au Tropezón, mais, bon, nous avons tout mangé sans laisser de trace (de nourriture). Nous sommes arrivés à la conclusion que le moment était peut-être venu de laisser tomber ces anniversaires traditionnels avec sandwichs sécos au pâté et au fromage. Cet anniversaire marquait un avant et un après dans notre vie. Puis la grand-mère est arrivée avec le gâteau et les bougies, et M. M. lui a dit :

— Il n'y en a que huit, grand-mère, j'ai neuf ans.

Mais la grand-mère étant têtue comme une mule, nous avons d'abord soufflé huit bougies et les neuf ensuite. Dans un coin à part, Mélody nous a expliqué :

— Quand je suis née, ma mère ne lui a rien dit, et maintenant, la pauvre, elle s'emmêle les pinceaux.

On a frappé à la porte. C'étaient Yihad et Susana, qui avaient le culot de s'inviter : ils ne supportent pas que quelqu'un ne les choisisse pas comme amis. Mélody était supercontente qu'ils soient venus et sa grand-mère aussi. M. M. a mis une cassette des Spice Girls et a dit que nous devions danser en couple. Elle nous a regardés un par un et… devinez qui elle a invité à danser ? Ce garçon connu dans le monde mondial sous le nom de Manolito García Moreno, Binoclard. Susana a invité Yihad et Grandes Oreilles a invité Grandes Oreilles (celui qui n'est pas content, c'est parce qu'il le veut bien).

Mélody a dit que la danse consistait à faire trois sauts en l'air et à donner un petit coup de tête à son partenaire, un peu à la manière des chèvres sauvages. Mélody adore danser avec moi, elle n'a pas voulu danser avec un autre de tout l'après-midi, si bien que je suis rentré chez moi avec la lèvre du haut supergonflée car Mélody donnait des coups de tête bien rythmés. Lorsque nous sommes sortis de chez elle, Susana m'a dit :

– La bouche qu'elle t'a faite, on dirait un piment rouge !

Elle était hyperjalouse en disant ça, car elle sait que M. M. lui a volé la vedette.

Je me suis regardé dans la glace de l'entrée : c'était vrai, j'avais des lèvres à plateau, mais j'étais supercontent car j'avais fait une touche avec Mélody Martínez, et ça, même les Chinois de Russie le savaient. Ma mère s'est mise à crier :

– Mais qu'est-ce qui t'est arrivé à la lèvre ?

– J'ai trébuché en dansant.

– Manolo, il faut changer les lunettes de cet enfant, ce n'est pas normal qu'il tombe autant, ou alors c'est un incurable pataud, auquel cas je n'ai rien dit.

Elle m'a mis de la pommade pour que dégonfle le piment labial, et le lundi, lorsque je suis retourné à l'école, c'était presque normal (la lèvre ; moi j'étais comme d'habitude). Grandes Oreilles s'était déjà chargé de raconter à tout le monde le truc de la danse des Spice Girls, et, du coup, j'ai dû supporter d'entendre Oscar Mayer et les autres me dire à la récréation :

– Tu viens avec nous ou tu restes avec M. M. ?

Jaloux comme des poux, voilà ce qu'ils étaient tous. En sortant de classe, Mélody est rentrée avec Grandes Oreilles et moi. C'était très bizarre, car nous ne savions pas de quoi parler ; la vérité, c'est que nous n'avons

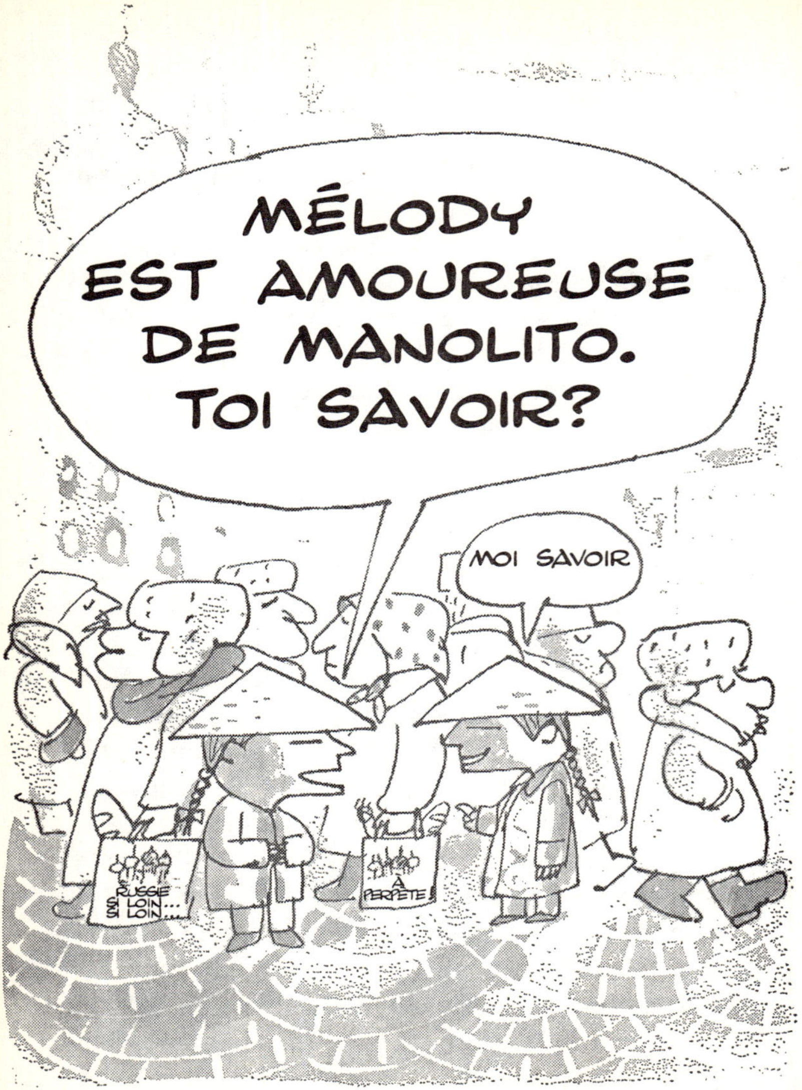

jamais une conversation intéressante, mais ça ne nous dérange pas de nous ennuyer ensemble car nous sommes de grands amis. Mais ça ne dérangeait pas non plus Mélody, elle nous racontait des chapitres de sa vie en feuilletons, qu'elle avait vécu dans dix maisons différentes, qu'une année elle n'était pas allée à l'école. Nous, nous ne disions rien car nous avons toujours été des enfants avec une vie très simple, avec la même maison et le même ami. Mélody a voulu m'accompagner jusqu'à l'entrée de mon immeuble et là, elle m'a demandé pourquoi je n'allais pas chez elle cet après-midi.

– D'accord, mais ne dis pas que tu m'as invité sinon ils vont faire les malins avec moi.

Nous sommes tombés d'accord. Sa grand-mère bizarre m'a ouvert la porte et nous a apporté pour le goûter un verre de lait et des morceaux de turrón, bien qu'on fût au mois d'avril, et je me suis dit : « Elle va peut-être nous faire chanter un chant de Noël », mais elle ne nous a rien demandé. Cela dit, si elle l'avait demandé, je l'aurais fait. Elle a juste dit, en montrant le turrón :

– Ça fait trois ans qu'il est là…

Mélody Martínez m'a montré sa chambre. Il n'y avait pas grand-chose à voir : un lit, un cintre et une chaise, mais Mélody m'a dit que c'était la vraie première chambre qu'elle avait dans sa vie, et que ce serait sa chambre pour toujours, car le policier R. R. lui avait fait promettre de s'occuper de sa grand-mère et de ne jamais s'en séparer.

– Et quand est-ce que tes parents vont rentrer ?

– J'en sais rien, a répondu M. M. en se jetant comme une planche sur son lit, je ne dormirai pas ailleurs que dans cette chambre.

Mélody est restée un moment sans rien dire puis m'a dit à voix basse, comme si c'était un grand secret :

– Tu veux que je te montre mon père ?

Elle s'est mise alors sous son lit.

Un instant, j'ai cru qu'elle l'avait caché là. Mélody est ressortie, les cheveux en désordre, avec une enveloppe. Nous nous sommes assis tous les deux sur le lit et Mélody a sorti de l'enveloppe une photo d'un monsieur supersérieux avec une moustache et des lunettes.

– C'est lui.

Puis elle a sorti une autre photo d'un monsieur à moitié roux avec une barbe.

– Celui-là aussi.

Puis une autre d'un monsieur blond sans barbe ni moustache et qui faisait plus jeune et moins sérieux.

– C'est encore lui.

Et une autre avec les cheveux plus longs et une autre avec les cheveux rasés

– C'est trop cool ! ai-je dit. On dirait que tu as vingt-cinq pères.

– Là, c'est ma mère.

La mère de Mélody ne ressemblait pas à une mère, elle ressemblait à une fille, elle était comme Mélody mais en grand.

Mélody a remis toutes les photos dans l'enveloppe et les a rangées sous son lit.

– C'est que ma grand-mère ne veut même pas les voir, elle est très fâchée car ils sont partis sans prévenir et m'ont laissée toute seule. Ça lui passera.

Je ne pouvais pas imaginer mes parents disparaître comme ça d'un coup. Une fois, mes parents étaient partis un week-end et ma mère avait appelé toutes les cinq minutes pour savoir si nous avions fermé le gaz, si le lait n'avait pas débordé de la casserole ou pour demander si le Bêta ne s'était pas étouffé mortellement. Mon père n'est pas là du lundi au jeudi, mais il appelle presque toujours deux fois par jour et nous savons que le vendredi, il rentre en donnant un coup de klaxon mortel en arrivant au coin du Tropezón. Mais Mélody Martínez ne semblait pas triste avec sa nouvelle chambre et cette grand-mère si bizarre, qui mangeait du turrón en avril.

Comme je l'ai dit au début des temps, cela fait un mois que Mélody Martínez est arrivée à Carabanchel, mais on dirait qu'elle est avec nous depuis toujours. En vérité c'est top méga cool qu'une fille à la vie aussi importante ait choisi d'être avec moi, même si ça a ses inconvénients. L'un d'eux, c'est que M. M. est super-brute. « Elle ne le fait pas par méchanceté », ont dit la psychologue et m'dame Espé à sa grand-mère ; si elle te pousse, c'est parce qu'elle t'aime et qu'elle ne sait pas contrôler ses grands, ses énormes sentiments. Évidemment, il peut aussi arriver qu'elle te pousse parce qu'elle a envie de se battre. Enfin, bref, elle fait tout en te poussant. L'autre jour, nous étions en train de jouer à la peste bubonique dans la cour et Yihad m'a donné un coup de poing dans le dos et m'a jeté par terre. Chose habituelle, entre copains cela n'a rien d'anormal. M. M., quand elle a vu ça, elle est arrivée de l'autre côté de la cour, a sauté sur Yihad et a failli le tuer à coups de poings. Nous avons dû les séparer car elle était devenue folle. Tout ça pour me défendre. Yihad ne m'a pas parlé de toute la journée et j'ai dû demander à M. M. qu'elle ne me défende pas autant, car mes amis commençaient à me regarder bizarrement.

Parfois, je me dis que ça aurait été mieux si j'avais plu à une fille plus normale que M. M., car on dirait qu'à la place d'une copine, j'ai un garde du corps. Je ne sais pas comment elle se débrouille mais, dès qu'elle m'approche, elle me cogne le visage, ou me flanque un terrible coup de tête tellement elle rit. Mon grand-père dit qu'il y a des amours qui tuent, aussi j'espère survivre à la terrible affection que M. M. ressent pour moi, car, ne va pas croire, j'ai encore des milliers de choses à te raconter, mais aujourd'hui je ne peux pas : Grandes Oreilles et moi, nous avons rendez-vous avec Mélody sur le terrain vague à côté de la prison, car elle veut nous montrer comment on s'évade des prisons de haute sécurité. Elle a tout appris de son père, qui d'ailleurs est réapparu et se trouve dans l'une d'elles.

TABLE DES MATIÈRES

ELVIRA LINDO
L'AUTEUR

OÙ ÊTES-VOUS NÉE ?
E. L. A Cadix, en Espagne. Nous avons ensuite déménagé une bonne dizaine de fois, et quand j'ai eu douze ans, nous nous sommes installés à Madrid.

OÙ VIVEZ-VOUS MAINTENANT ?
E. L. Je vis en plein centre de Madrid, près du Paseo de Ricoletos.

ÉCRIVEZ-VOUS CHAQUE JOUR ?
E. L. Oui. Parallèlement à mon travail de speakerine, je rédige aussi des scénarios pour la radio, la télévision et le cinéma. J'ai adapté les aventures de *Manolito* qui viennent d'être portées à l'écran.

ÊTES-VOUS UN AUTEUR À TEMPS COMPLET ?
E. L. Je vis de ma plume. Mais si la scénariste est obligée de se mettre au travail tous les jours sans se poser trop de questions, l'écrivain, en revanche a besoin de se sentir en veine. Il y a des jours où je suis satisfaite de ce que j'ai fait, d'autres où je décide de tout effacer.

QU'EST-CE QUI VOUS A INSPIRÉ CETTE SÉRIE ?
E. L. *Manolito* est une autobiographie un peu particulière. Mes parents connaissaient une situation financière bien meilleure que celle de la famille de Manolito. je ne suis pas un garçon, ni l'aînée et je n'ai jamais porté de lunettes. Néanmoins, la personne qui ressemble le plus au monde à Manolito, c'est moi.

EST-CE VOTRE PREMIER ROMAN ?

E. L. J'ai écrit une comédie pour le théâtre, ainsi qu'un roman pour adultes : *La vie innocente de Ramón Fortuna*. J'ai aussi publié les deux premiers livres des aventures de Manolito dans la collection Folio junior.

QUEL CONSEIL DONNERIEZ-VOUS À UN ÉCRIVAIN DÉBUTANT ?

E. L. Écrire, lire et vivre. Les meilleures histoires que j'ai lues parlent de la vie quotidienne des gens. Parfois, dans la rue, j'entends un fragment de conversation qui m'apparaît comme un grand roman. Dans ces moments-là, j'aimerais devenir invisible et m'asseoir pour écouter l'histoire jusqu'au bout. Le lecteur, c'est cet individu qui s'assoit pour écouter la vie des autres. Le meilleur conseil que je puisse donner à un écrivain débutant, c'est de vivre les yeux grands ouverts. Ainsi, il ne sera jamais à court d'histoires magnifiques, la seule chose dont il aura besoin, c'est l'envie et le désir de les raconter.

OÙ ÊTES-VOUS NÉ ?
E. U. Je suis né en 1954 à Madrid, un mois d'août, je crois qu'il faisait très chaud. J'ai eu une enfance merveilleuse que je n'oublie jamais.

POUVEZ-VOUS DÉCRIRE L'ENDROIT OÙ VOUS TRAVAILLEZ ?
E. U. C'est un séjour avec deux grandes tables, une pour dessiner, l'autre pour peindre. Je suis entouré de pinceaux, de crayons, de livres et de plein d'autres bricoles. Il y a aussi deux fenêtres par où rentre la lumière, les odeurs, les sons et où vient se poser un petit oiseau qui regarde perplexe comment je gagne ma vie.

ÊTES-VOUS UN ILLUSTRATEUR À TEMPS COMPLET ?
E. U. « Completissime », je dirais.

QUAND AVEZ-VOUS COMMENCÉ À ÊTRE ILLUSTRATEUR ?
E. U. J'étais mauvais élève et j'ai commencé à travailler à quatorze ans, d'abord en tant que commis dans une galerie de tableaux, puis dans une banque, ensuite comme coursier, vendeur, estampeur dans un atelier de gravure et finalement comme illustrateur. J'ai beaucoup de chance car j'adore mon métier.

COMMENT AVEZ-VOUS ILLUSTRÉ CE LIVRE ?
E. U. En ce qui concerne la technique, avec une plume et de la gouache, mais aussi avec toute la tendresse que ma tête est capable de transmettre à ma main.

Est-ce votre premier livre ?

E. U.   Non, ce n'est pas le premier. Je crois que j'ai dépassé la trentaine. J'ai déjà illustré les deux premiers livres des aventures de Manolito

Que faites-vous quand vous n'illustrez pas ?

E. U.   J'écoute du jazz. J'adore aussi perdre mon temps et faire des balades nocturnes en ville, avec ma femme, mes filles et mon chien.

Quel conseil donneriez-vous à un illustrateur débutant ?

E. U.   Qu'il ne cesse d'être débutant, qu'il entreprenne toujours un travail comme si c'était la première fois et qu'il regarde, qu'il regarde tout ce qui l'entoure.

Retrouvez **Manolito**
dans d'autres **aventures**
dans la collection FOLIO **JUNIOR**

MANOLITO

Elvira **Lindo**

n° 814

Je m'appelle Manolito, dit le Binoclard. J'ai un défaut : je parle sans arrêt. Un jour, ma mère m'a emmené chez Mme Espéranza, la psychologue de mon école. Et je lui ai raconté ma vie : mon grand-père qui est génial même s'il ronfle ; ce traître de Grandes Oreilles, mon meilleur ami ; Paquito Medina, l'extraterrestre ; ce crâneur de Yihad ; mon petit frère que j'appelle le Bêta ; que je veux devenir roi et que je hais mon duffle-coat… Mme Espé a eu l'air de trouver ça normal. Elle n'a peut-être pas assez écouté…

SUPER MANOLITO

Elvira **Lindo**

n° 900

Voici le deuxième volume de la grande encyclopédie de ma vie. Je vais te dire un truc : j'ai huit ans et demi et déjà, ma vie ne tient pas sur 357 pages. Il m'est arrivé tellement de choses ces derniers mois que j'ai eu du mal à faire le tri. Bon voilà, je commence : avec Yihad et Grandes Oreilles, mes grands copains, nous avons formé la Bande des Pieds Sales ; j'ai coupé les cheveux du Bêta qui s'est mis à ressembler à un moine tibétain ; Susanna Culotte-Sale est ma fiancée, mais c'est un secret ; M'dame Asunción m'a collé un zéro en maths, mais ça, je n'ai pas encore osé le dire...

Conception de mise en page : Françoise Pham

Loi n°49-956 du 16 juillet 1949
sur les publications destinées à la jeunesse
ISBN 2-07-052814-5
Numéro d'édition : 91887
Numéro d'impression : 48819
Dépôt légal : novembre 1999
Imprimé par l'Imprimerie Hérissey, à Évreux